JN121417

フリーダム Freedom

香港人の自由は
いかにして奪われたか、
それをどう取り戻すか

羅冠聡
ネイサン・ロー
方禮倫
エヴァン・ファウラー

中原邦彦 訳

First published as Freedom in 2021 by Bantam Press, an imprint of Transworld Publishers.
Transworld Publishers is part of the Penguin Random House group of companies.
Japanese translation rights arranged with Transworld Publishers a division of The Random House Group Limited, London through Tuttle-Mori Agency, Inc., Tokyo

自由のために行進したすべての香港人にこの本を捧げる。彼らの犠牲、なかでも、民主主義を求めて投獄された僕の友人たちの犠牲を、忘却させてはならない。

目次

序文

自由とは何か？　そして、自由な社会に生きるとは何を意味するのか？　これは僕たちが問い得ることのうちでも、最も重大で難しい問いの二つだ。文化の垣根を超えて世界中で、非常に長い期間に渡って盛んな議論が繰り広げられてきた。西洋では、自由についての哲学的伝統は、しばしばギリシャ時代の擬人化された解放の理念「エレウテリア」にまで遡る。中国でも、老子、荘子、孔子、孟子の書の中心には自由についての問いがあり、「大同（the Great Unity）」という理想においても自由が表現されている。自由というものの捉え方は人それぞれ異なるだろうが、その核にあるのは、自己自身をどのように理解し、他者とどのように関わり合うか、という普遍的な問いである。

一部の人々にとって、それは権力と服従の関係に行き着く。別の人々にとっては、尊厳をもって個人が生きることから自由が始まる。だが、他の重要なすべての問いと同じく、シンプルな答えはない。自由であること、自由の中で生きること、その意味は時代や状況に応じて変化する。苦難の時代にあって脅威を感じているときには、みずからの自由と引き換えにしてでも、集団の中で安定と強さを求めることだろう。だが、その脅威がなくなれば、自由の中で生きたいという要求が必ずまた生じてくる。重要なのは、問い続けることだ。僕らの時代における真実に近づくためには、議論と熟考を重ねる他にない。

僕の故郷であり、僕という人間を形作った都市である香港は、現在、権威主義体制へと変貌する瀬戸際にある。アジアで最もリベラルでオープンだった国際都市は、活気ある市民社会と、かつてはあれほど堅固に見えた諸制度を有していたのに、どういう経緯で根底から変わってしまったのだろうか？　繁栄する自由社会が、どのようにして内側から蝕まれてしまったのだろうか？　中華人民共和国の権威主義的な影響力がますます強まっていく世界において、自由であるということは何を意味するのだろうか？

これは学術書ではない。抽象的な概念について論じるのではなく、自由がどう感じられ、どう生きられたのかを書いている。それゆえ、かなり個人的なことにも触れる。香港の街頭で口々に叫ばれ、希望と犠牲の両方をもたらした、あの「自由」について考察している。この言葉は人によって異なる意味を持つかもしれないし、僕らの心をそれぞれ違う方向へと導くかもしれないが、それでも僕らは誰もが自由になることを望んでいる。誰もが自由を必要としている。

二〇一七年、二四歳だった僕は香港の裁判所で、違法な集会を煽動しそれに参加したとして有罪判決を受けた。その三年前に僕は、香港当局から事前の許可を得ずに抗議活動を呼びかけていたのだった。平和的な抗議活動だったが、緊迫したものだった。裁判所への提出書類によると、重傷ではないものの、揉み合いの中で複数人の警備員が負傷したのだという。入院するほどの怪我人が出なかったことは幸いだったと思う。誰かを傷つけることなんて絶対に誰も望んでいなかった。

それは二〇一四年九月二六日のことだった。抗議者たちでごった返した公民広場の、急ごしらえのステージの上に僕はいた。自然発生的に広がった抗議活動だったので、集会の許可を申請していなかった。

それに僕たちは、抗議を行う固有の権利が自分たちにあると信じていた。結局のところ、僕たちはただ、憲法が僕たちに約束している民主的改革を求めていただけだったのだ。広場に来て一緒に抗議してほしいと、僕は人々に呼びかけた。学生、ホワイトカラーの労働者、活動家、その他たくさんの人々がこの呼びかけに応えて、広場の周りにぐるりとめぐらされた柵を乗り越えて来たので、あっという間に大群衆になった。そこには高揚感があって、その光景は混沌としていたけれども、平和的だった。僕らに漲っていたのは熱意であって、怒りではなかった。

突然、ライトが消されて僕らは暗闇に放り込まれた。集会に参加した抗議者に紛れていた覆面警官の集団が、ステージに駆け上がってきた。警官たちは僕を取り囲み、手を掴み「君を逮捕する」と僕に告げた。ステージ後ろの壁に押し付けられて、ほとんど身動きも取れなかった。警官によって群衆から引き離されると、ショックはすぐに怒りに変わった。抗議者たちは、何が起きているのかをスマホを使って記録しようとしていた。これに気付いた警官は、スマホを取り上げようとした。警官と抗議者との揉み合いの中で、故意に相手を傷つけた者はどちらの側にもいない。香港はまだ汚れきってはいなかったのだ。

僕は法律を破った。とはいえ、僕は「基本法」と呼ばれる香港の憲法が保障している「集会と抗議の自由」を行使しただけでもあった。抗議活動が求めていたのは「普通選挙によって全議員が選出される立法府」ならびに「香港政府のトップである行政長官を決めるための選挙権」だった。これは、一九九七年に香港が中国の統治下に返還される際に、北京が香港にした約束であり、香港の人々にとっては大切な約束である。シンプルに言ってしまえば僕が捕まったのは、北京に対して、約束を守れ、みずからが同意した香港の憲法を尊重しろ、香港の人々を臣民ではなく市民として扱え、と要求したからだ。

二〇一七年七月、収監されるひと月前に、香港の立法会における僕の議席は、北京の命令によって剥奪された［訳注：香港の立法会は、日本でいえば国会にほぼ相当する］。一般投票を勝ち抜いて当選したゆえ親北京派の多くの議員とは異なり民主的な支持を得ていると主張し得たことは、僕の存在を中国政府にとって一層煙たいものにしただけだった。ネイサン・ローに投票しないよう人々を説得できなかった中国政府は、代わりにルールを変更することを選んだのだった。

就任の宣誓を文言どおりに行っていたにもかかわらず、一年も経たずにその宣誓を無効とされ、僕は立法会から除名された六名の民主派議員のうちの一人となった。投票の結果、僕ら民主派は、三分の二の賛成を必要とする法案を阻止できるだけの議席を得ていた。これは親北京派の候補者に都合よく設計されているシステムにおいて獲得可能な権限としては最大のものだった。そして、除名された議員の「六名」という数は、親北京派が立法会で三分の二以上を占めるために必要な数と、きっちり一致していた。

こうした政治的混乱の文脈おいて、標的にされていることが分かっていた僕は、自分への判決が心配だった。一党独裁政権による政治的迫害の長い歴史が続く中国本土とは異なり、香港でこんなことは起こらないはずだった。中国の元最高指導者である鄧小平の有名な言葉である「一国二制度」によって香港では、経済や政府組織だけでなく、権力行使の方法においても制度が異なるものと考えられていた。この統治モデルによって、香港という都市のビジネス面での信頼が維持されるとともに、独特かつ自由な香港のコミュニティの価値観と生活様式が守られるはずだった。平和的な抗議活動で投獄されるなどという前例はなかった。これは、香港が変貌しつつあることを示す憂うべき兆候だった。

僕の裁判は、その年に他にも数件あったが、それは悪化の一途を辿る政治情勢の副産物だったといえる。香港の問題に対する北京の介入は、数十年に渡って強まるばかりだった。香港への投資は、経済的支配のための道具と化していた。経済的利益は政治的監視と相まって、香港の政治界とビジネス界のエリートたちを腐敗させていった。最も巧妙で、たちが悪かったのは、中国共産党が宣伝する価値観や物語に合うように香港社会を作り変えようとする動きだった。人々がこれらに反発したのは当然のことだ。政府への批判を、当局が力で抑え込むようになったのはショッキングなことで、これによって香港にとっての新たな章が幕を開け、僕のような活動家(アクティビスト)にとって投獄は避けられなくなっていた。

評決が読み上げられるのを被告席で聞きながら、気持ちを落ち着かせるために深呼吸したのを覚えている。こんな場所にいるなんて、とても現実とは思えなかった。どれほど心構えをつくろうとしても、愛する人たちと引き離されるのを受け入れるのは辛いことだ。僕は母を見た。友人たちと一緒に傍聴席に座っていた母は、涙を流していた。

僕の両親は数年前に離婚していた。両親がそうせざるを得なかったことは残念ではあったけれど、そのことについてわだかまりはない。僕が特に親しいのは母だった。僕を守り、面倒をみて、育ててくれた。母の涙を見て、末っ子の僕が母の不安の種になっていることが心に重くのしかかった。母に幸せになってほしいと、僕はそれだけを願っていた。でも今や僕は、被告席にいるトラブルメーカーだ。その日に禁錮刑が言い渡される可能性があったため、僕のやったことは正しいことなのだと胸中では理解してくれていた母までもが、彼女なりの苦行を強いられることになった。裁判官が禁錮八カ月を告げたときも、母は泣き続けていた。

僕は、裁判という試練は覚悟していたことなのだと自分に言い聞かせ、こんなことで狼狽しないと誓った。冷静な、開かれた心のまま、良心に従ってこの試練を乗り越えることができれば、その時にこそ僕は、自分を真の政治活動家（アクティビスト）だと認めることができるようになる。僕は投獄をできるだけ前向きに捉えようと努力した。しかし、評決のときと同じくらい心構えができていたのにもかかわらず、法廷で判決が読み上げられたときの動揺は大きかった。

今になって考えると、一番ショックだったのは、僕たちの権利を記しているはずの法律が、悪意ある者たちの手によって、いとも簡単に抑圧の道具へと変わってしまったことだった。「法制度は、力なき者を守るためにある」というそれまでの信念に対する疑問が生まれた。僕たちの集会の権利、自分の真面目な性格、そして過去に犯罪歴がないという事実は、僕には軽犯罪としか思えない罪――要は、知らない人たちを大声で激励したに過ぎない――と天秤にかけて考えられるのだろうと期待していた。僕を投獄するのは、やりすぎに思えた。だが政府はその時、明らかに警告を発していたのだ。

法律が独裁国家の思惑（アジェンダ）のために利用され、市民への責任を果たすよう政府に求めただけの平和的抗議活動を抑圧するのに使われたことは、僕を恐怖させた。それは香港で起きてはいけないことだった。市民は街頭でデモを行うことで、自分たちの想いを表明した。二〇一九年六月一六日には、自由と民主化を支持する二百万人が香港で抗議のデモ行進を行った。実に、人口の四分の一である。多くの人が電車やバスに乗るのに何時間も待ち、集合地点に着くまでさらに何時間も行列に並んだ。事情が許せば参加していたという人は間違いなくさらに多いだろう。

他のどんな理由のためならば、あれほど大勢の人々が鼓舞され行動するのだろうか？　あるいは、あれほど大勢の人々が理想に奉仕するために、物質的豊かさも、個人的な自由も、さらには命までも犠牲にしたことが、かつて世界であっただろうか？　香港のように、その願いが打ち砕かれたとしてもなお、自由になりたいという想いは僕らの中で力強く燃え続ける——それが消えないのは、自由こそが、人間性の中心であるからだ。

逮捕と禁錮で僕が受けた苦痛はたいしたものではない。遥かに酷い目にあった人はたくさんいる。だが、僕の裁判は前例を作ってしまった。この「新しい香港」では、正式な認可を得ていない平和的抗議活動は、あらゆる法的手段をもって罰せられる。僕がいま拘束されていないのは、亡命中であるからに過ぎない。僕がいない間に、監獄の壁は故郷の香港をぐるりと囲むまでに大きくなってしまった。表面的には普通の生活が続いているように見えるかもしれないが、ただ自己の良心に従って生きようとするだけで、あらゆる人に脅威がのしかかる。それでも、共に立ち上がる仲間たちがいる限り、約束された自由と権利を求めて同じスローガンを叫べる限り、たとえ彼らがいま世界のどこにいようとも、僕は立ち上がり叫ぶ。自由を求めて声を上げることは正しいことであり、それは僕らの権利なのだ。

香港は、僕が「家」と呼ぶ都市だ。僕の愛する、かけがえのない都市だ。香港は僕にとって故郷であり、コミュニティだ。それが今ある僕を形作ってくれた。幸せも、愛も、失望も、苦しみも、すべて香港で経験してきた。ロンドンに亡命するために香港国際空港から飛行機に乗り込むとき、そのことを僕が忘れることは今後も決してないと心の底から思った。

劇作家から反体制派の活動家になり、さらに初代チェコ共和国大統領になったヴァーツラフ・ハヴェルはこう書いている。

私たちが反体制派になることを選んだのでは決してない。どのようにしてかよく分からぬまま、私たちは反体制派に仕立て上げられてしまったのだ。どうしてかよく分からぬまま、投獄されたこともあった。私たちはただ、自分が為すべきだと感じたこと、自分にとってはマトモだと思えることを行っただけなのだ。それ以上でも以下でもない。

僕は決して、活動家になることを望んでいたわけではないし、自由と民主主義と正義のための闘いに人生を捧げたかったわけでもない。北京は僕のことをトラブルメーカーだと言うが、自分でそう思ったことは一度もない。北京の独裁政権こそが、僕を含む多くの人たちに、自分たちの自由と生活様式を守るために立ち上がって声を上げることを強いたのだ。北京は、僕たちが大切にする香港の独自の歴史を書き換え、香港人としてのアイデンティティを再定義することを選んだ。僕たちが反体制派になったのは選んだからではなく、北京への反応なのだ。

ミラン・クンデラが、いみじくも述べているように「権力に対する人間の闘いは、忘却に対する記憶の闘いである」。この闘いは、現在の中国と深く関係している。権力は常に、虐げられている人間の目を、未来に向けさせようとする。なぜなら未来はまだ定まっていないからだ。だが、自分たちがどこから来たのかを理解し、起こり得たことを想像するために、僕たちは記憶しなければならない。この本によって、ここ数年で僕の愛する香港に何が起きたのか伝えたい。これは僕にとって、中国共産党が忘却させようとしているものを記憶するための闘いである。同時にこの本の中で、自由が至るところで脅かされていることを示し、手遅れになる前に自分たちの自由を守るにはどうすればよいのかということについても書き記しておきたい。

二〇二一年　ロンドン

第一章　自由と避難、そして希望

母の背中を照らすあたたかな日差し――記憶に深く焼き付いている光景だ。幼いころに暮らしていた深圳(しんせん)、香港に隣接する急成長を遂げつつあった中国の都市での、数少ない思い出の一つである。

母は毎日、僕と兄を自転車に乗せて幼稚園への送り迎えをしてくれた。前に兄、後ろに僕を座らせて、母は錆びついた自転車を漕いだ。自転車というのは三人乗り用に作られていないから、バランスを崩しやすく、僕と兄はよく道路に落ちそうになったけど、僕らにはその自転車しかなかった。

自転車を漕ぐ母の腰に、僕はぎゅっとしがみついていた。ときどき自転車の上から、騒々しく混沌とした深圳の街の様子を振り返って眺めたりもした。頭上では電線と物干し用のロープがひしめきあい、建物の格子窓から子供たちがじっと外の様子を覗いていた。けれど僕は、ほとんどいつも、母の背中に顔をしっかりと押し付けているだけだった。母の体は僕にとって錨であり、外の世界に対するシェルターだった。風が頬をかすめると、僕は母の背中に体を押し当て、ひときわ強くしがみついた。

僕は、深圳で生まれはしたけれど、そこでの暮らしをほとんど覚えていない。あの時期のことは家族の間でもあまり話題にならない。そこは僕にとって「家」ではないのだ。はっきり思い出せるのは、母の背中にしがみついて、自転車で街を走り抜けていたことだけだ。いちばん大切なものは、街ではなくて、母と僕との絆だった。

子供のころの記憶でもう一つ忘れられないのは、香港へ移住したときのことだ。あれは一九九九年、僕が六歳のときだった。父は先に香港に住んでいたから、香港政府の「家族呼び寄せプログラム」のもと、僕たちにも香港市民になることが認められた。羅湖（らこ）の出入境管理局に着くと、母は僕を前へと案内した。必要な書類は母が用意してくれていたけれど、僕は自分で税関を通らなくてはいけなかった。僕の手には、母が握らせた二枚の紙幣があった。一枚は五十人民元札、もう一枚は五十香港ドル札。このとき初めて僕は、香港と中国本土とでは通貨が異なるということに気づいたのだった。

それは、両者の根本的な違いとして僕がのちに認識することになるものとの、最初の出会いだった。出入境は、教育、言語、文化、そして政治制度の違いも表していたが、最も重要なのは、価値観の違いであり、人々の考え方や振る舞い方の違いだった。香港と中国は、名前の上では「一国」でも、実際には単なる「二制度」以上のもの——まったく異なる二つの土地、二つの民族、二つの生き方だった。

握っていた二枚の紙幣は、僕にとっては大金だった。僕は、お金をポケットにしまい、脚に押し付けるようにしてぎゅっと手で押さえていた。大きな責任を感じながら母がくれたお金を守る僕は、未知の世界への冒険に足を踏み入れていくような気がしていた。ニュースやテレビでたくさん見聞きしてきた都市——そこに向かう人込みの中に僕もいた。これから僕もその都市の一員となるのだ。

香港がどのように変わってしまったのかを理解するには、かつての香港を知るところから始める必要がある。歴史の本に載っている香港でもなく、国家や植民地や企業の利益からみた香港でもなく、大勢の人が暮らしていた都市としての香港を知る必要がある。僕の両親のストーリーは、取っ掛かりにうってつけだろう。

移民の都市

僕の両親は、広東省（Guangdong）の田舎にある宗族村の出身だ。広東省は、南側を香港と接していることもあって、香港との共通点がかなり多い。省都である広州（Guangzhou）は、歴史的に広東（Canton）として知られてきた。広東省の人々は広東人であり、香港と同じく、広東語を母語としている。広東省は、中国の中でも比較的裕福で、反抗的で、独立心のある南部の省だ。

標準語である北京語（Mandarin Chinese）を除くすべての中国の言語と同じく、広東語は、公的には中国政府によって方言に分類されている。だが、これは政治的判断であって、言語学者の間では、北京語と広東語は異なる言語であるというコンセンサスが成り立っている。この二つの言語は、互いに通じ合わない。香港と同じように広東人には、独自のアイデンティティと、帝国の支配の辺境にあった長い歴史がある。

父は、五人家族を養えるだけの収入を得るために、香港に行ってそこで仕事を探す決心をした。国境を越えていった何百万もの人々と同じく、それは難しい選択ではなかった。

サンパンという中国式の小型の平底舟に乗って、父は国境を越えた。密入境斡旋業者は、見つからないように夜間に移動した。もし見つかれば、ただでさえ困難な旅が、さらに厄介なことになる。嵐で多くの舟が大鵬湾の牡蠣養殖棚にぶつかり、乗っていた人々はサメの群がる海に投げ出された。当時、香港の海岸に死体が漂着するのは珍しいことではなかった。

なぜこれほどの危険を冒してまで、人々は香港に渡ろうとしたのか？　一つには経済的な理由があった。けれども、多くの人々にとって香港は、共産主義中国の無言の抑圧からの自由の象徴だった。人々は、飢餓だけでなく、全体主義体制の気まぐれと危険性を恐れていたのだ。いついかなる日に誰が告発されても不思議ではなく、誰もが怯えながら毎日を過ごしていた。家族に告発される危険さえあった。告発されて家のドアをノックされたら最後、もはや頼れるものは何もなく、正義を望めないことは言うまでもなかった。

月明かりだけを頼りに進むこと三晩、父は香港に辿り着いた。そして手配されたとおりに、先に旅を終えていた同じ村の人々と岸辺で合流した。父は疲れ果てていた。舟では皆が交代で櫓を漕いでいたし、飲み食いできるものはほとんど何もなかったからだ。

少し休んだらすぐに、父は市街地を目指して前に進まなければならなかった。警察のパトロールをかいくぐって「タッチベース」するために。香港の歴史のほとんどにおいて、植民地と中国本土との間の行き来は自由だったが、一九四九年に中華人民共和国が建国されて以来、国境線に塀が設置された。新参者のタッチベースを許すというイギリスの政策は、密入境者を合法的に取り込む柔軟性を香港に与えつつ、香港側の境界線を維持させていた［訳注：密入境者が新界を通り抜けて市街地にまで辿り着けば、強制送還せずに居住権を与えるという政策が、野球の走者になぞらえて「タッチベース政策」と呼ばれていた］。この政策によって香港という都市は、中国での政治的・社会的激変から逃れてきた人々にとっての安全な避難先として機能し続けたのだった。

頭を低くして人と目を合わさないようにしながら、父は目的地へと進んでいった。うわべの裕福さや、その自由と西洋的なファッションによって、香港はまるで異国のようだったが、それでいて確かに中国の一都市でもあった。それは自由で、開かれていて、しかも疑いようもなく中国的であるという、西洋と中国のいいとこ取りだった。こうして父にも、のちにはその家族にも、同世代の多くの人々と同じように居住権が与えられることになった。

母と僕と二人の兄を中国本土に残して、父は建設作業員として働いた。僕は父にほとんど会えなかったけれど、僕らが食べ物に困らなかったのは、父が懸命に働いてくれていたおかげだった。こうした状況は、中国・香港間の越境家族としては典型的で珍しくないものだった。家族は、物理的には離れ離れであっても経済的には繋がっていて、一家の大黒柱は、給料の高い香港を離れられない。そして、これもよくあるケースなのだが、父は僕らを香港に移民として呼び寄せるための「単程証」を申請した。父の人生は苦労の連続だったが、毛沢東時代の狂気の中国を生き延びた彼は、自分に許されなかった未来を家族が手に入れるためであれば、犠牲を払う覚悟ができていたのだ。香港は「黄金の地」であるばかりでなく、自由と安全の地でもあった。

香港で育ち香港で人格を形成した僕らの世代にとって香港は故郷だが、僕の親世代にとっての香港はそうではない。両親にとって故郷は今も、中国の宗族村だ。一族古来の慣習によって堅く結ばれた祖先との繋がりが、親世代にとっては重要なのだ。しかし、僕や同世代の多くが実際に知っている故郷は一つしかない。僕らは、開かれた社会で生きることを当たり前のことだと思ってきた。香港の自由が、僕らの価値観と関係性を形作った。僕たちは社会に対して、両親たちには想像もできないであろう信頼を置いていた。そして、その信頼に基づき、僕たちは親世代とは違う形で、自分たちの権利と自由を理解していた。僕たちは自分たちの主体性を信じていたし、より善い未来を、単に想像するだけでなく、それを定義し実現するために働くべきだと考えていた。たしかに香港は民主制ではなかったけれども、そこには法の支配があり、行政による情報の検閲や統制はなかった。僕らは活気ある市民社会の一員だった。そして僕らの世代は、無邪気すぎたのかもしれないが、当局の言葉は嘘ではなく、代議制が拡充された民主的な香港についての約束は守られるはずだと考えていた。

かつて僕らの世代は、親世代のような苦痛や冷笑を抜きにして中華人民共和国を見ていたが、今や多くの人が香港を去りつつある。これは大きな悲劇だ。僕は、自分が香港を去る日が来るなんて考えたこともなかった。ここに骨を埋めるのだとずっと思っていた。でも、親の世代が嫌と言うほど知っているように、自分が大切に想うものを守るために、他の絆を手放さなければならないときがある。それが意味しているのが、唯一の故郷を立ち去るということであったとしても。

毛沢東時代の中国における二重の悪夢――中国大飢饉と文化大革命――を作り出したのは、理想主義と凶悪性のコンビネーションだった。これにより、大勢の一般人が香港に逃げ込むことを余儀なくされた。中国共産党の失策により、飢餓によって三千万人が死亡しただけでなく、飢餓に苦しむ母親たちが中絶した赤ん坊は三千万人を数えると考えられている。文化大革命ではさらに二千万人の死者が出た。

だが、中国人にとって最も深刻なトラウマとなっているのは、政権が作り出した不信と恐怖の空気だ。隣人同士が非難し合い、子供たちは、党の理念に反していると自分の親を告発するよう奨励された。理想主義的な熱狂が人々を拷問と殺人に駆り立てた。このようなことは歴史上前例がなかったが、のちにカンボジアにおいて中国共産党が支援するクメール・ルージュ政権下で起こったことのモデルとされた。これらは五十年前のことではあるが、しかし今も集団的トラウマとなって多くの中国人の心の底に影を落とし続けている。今日に至るまで、中国共産党はその罪と向き合っていない。

田舎で小規模な農業を行っていた家族にとっての唯一の望みは、故郷の地を離れることにあった。安全な香港に辿り着けた父は幸運だった。多くの者が村からの脱出に失敗し、数多い失踪者の一人としてそのまま忘れ去られた。香港での僕たちの暮らしは決して裕福ではなかったけれども、比較的まっとうで安定した社会の一員なのだと感じながら日々の生活を送ることができていたし、真夜中に玄関がノックされる恐怖に怯えることもなかった。香港は、希望と生存を意味していた。だが今はもう違う。中国本土の恐怖から逃げてきた人々にとって、香港で今起きている事は、あまりにも馴染み深いものだろう。

中国による侵食はなぜ問題か

自由は、僕たちの最も基本的な人権だ。それは普遍的であり、すべての人にあてはまる。生存権が存在する権利だとすると、自由でいる権利とは、生きるに値する、かけがえのない人生を送る権利だといえる。僕たちは誰もが、自らの意思に基づいて主体的に行為する力と、思想と良心の自由を必要としている。それがなくては尊厳が失われてしまうからだ。

自由は、自己と他者との関係の起点としてあるべきだ。人間関係を築き維持するために、僕たちはしばしば、自分の自由を制限することを選ぶ。集団の利益のために自由の一部を手放す場合もある。たとえば、収入の一部を税として放棄する代わりに、自分で道路や病院を建てなくて済む。生きるため、そしてできれば繁栄するための環境を政府が提供するという条件で、僕たちはある種の権利を政府に譲り渡す。自由と服従とのこの関係は、社会契約の基礎である。

自由にもその体験にも、様々な形態がある。北朝鮮からの逃亡者にとって自由とは、故郷から逃げることを意味するかもしれない。極貧状態にある人々にとって自由とは、飢餓からの解放を意味するかもしれない。すべては僕たちがどのような環境に置かれているのかによる。実際のところ、自由は決して絶対的なものではない。しかし、たとえそうであっても、僕たちは見かけの上で選択肢がたくさんあることを、自由と混同してはならない。

中国には、二千を超えるテレビのチャンネルがあり、スタイルも内容も多様性に富んでいるように見える。しかしすべての番組は、当局による唯一の見解（ナラティブ）に従わなくてはならず、異議を唱える自由はない。この状況は、情報の自由や報道の自由が認められている自由社会での暮らしとは根本から異なっている。自由な社会において人々が何を知っており、また何を知ることが許されるかという制限は、一つの政党からの通達によって決まるのではなく、弱者を守ろうとする良識的で基本的な社会規範によって決まる。

たとえば、暴力的または性的なコンテンツを見ることが子供に許されないのは、それが子供たちの心の傷になり得るからだ。自由が制限されるのは、あくまでも保護のためであり、権力者に力を与えるためではない。

中国では、報道機関も記者も真実を報道しようとしない。というよりむしろ、現実を理解しようとしない。彼らは当局の見解を宣伝するための存在だ。そのため往々にして、真実を抑え込むことが報道の役割になる。真の意味での自由は、単に選択肢が多いということではなく、支配政党の意に沿わない価値観にもとづいて選択することができるということだ。BBCの本社であるロンドンのブロードキャスティング・ハウスの壁に刻まれたジョージ・オーウェルの引用にあるとおり「自由が何かを意味するのならば、それは人々に、彼らが聞きたくないことを伝える権利だろう」

貿易とグローバリズムは、自由主義国でも非自由主義国でも選択肢を増やしてきたが、どちらかといえば非自由主義国のほうが、表面的なレベルでの自由を実感していることだろう。歴史上初めて、世界中の大多数とは言わないまでも多くの人々が、一切の異論を許さない横暴な権威主義政権から恩恵を受けることになった。このため、かつては経済的影響力によって香港の限られた自由を守っていたのが、今日では、中国が貿易を利用して世界中で圧力をかけ、自由を歪めるようになっている。

中国は自由世界と、理想をめぐる戦争をしている。習近平は、中国のあらゆるものが共産党に奉仕せねばならないと明言しており、文化的であれ、学術的であれ、メディアであれ、ビジネスであれ、あらゆる結びつきを武器にして党の思惑（アジェンダ）を実現しようと望んでいる。中国が自信を強めるにつれて、企業や個人は、中国の政治的主張を受け入れるだけでなく、中国のためのロビー活動をすることまで強いられるようになってきた。そうした活動が、たとえ良心を裏切り、みずからの自由を損なうものであったとしてもである。[1]

二〇一九年一〇月、香港で逃亡犯引き渡し反対運動が盛んだった時期に、アメリカのナショナル・バスケットボール・アソシエーション（ＮＢＡ）のヒューストン・ロケッツで当時ゼネラルマネージャーを務めていたダリル・モーリーが、香港の抗議運動への支持を個人的に表明した。[2] モーリーは香港の動向を注視してきた人物で、彼がアメリカで自分の意見を表明することは、完全に、アメリカ国民としての権利内の行為だった。だが、中国がＮＢＡの試合の放映をボイコットしたため、モーリーは自身の発言を撤回せざるを得なくなった。在ヒューストン中国総領事館のスポークスパーソンがロケッツに対し「誤りを正す」[3]よう申し入れたのだ。ＮＢＡコミッショナーとして、アダム・シルバーは事件の二週間後に次のような総括をしている。「財政的な影響がかなり劇的であり、それは今後も続くかもしれない」[4]

ダリル・モーリーがコメントを発表したのと同じ一〇月に、アメリカのゲーム開発会社であるブリザード・エンターテイメントが、香港の一流のｅスポーツプレイヤーであるンー・ワイ・チュン（呉偉聡、Blitzchung 名義で活動）を、自社主催のゲームトーナメントから追放した。チュンは、これまでに獲得した賞金（約四〇〇〇米ドル）を全額没収され、プロ試合への出場を一年間禁じられた。彼の犯した罪というのは、香港の抗議活動を個人的に支持しているとインタビューで表明したことだった。[5]

これがもたらした結果は、モーリーのときとは大きく違うものだった。チュンの出場禁止を受けて、世界中の大勢のゲーマーやファンが「#BoycottBlizzard」のハッシュタグを作り、ブリザード社の従業員までをも含む幅広い人々から大きな支持を集めたのだ。アメリカ合衆国のロン・ワイデン上院議員とマルコ・ルビオ上院議員が独自に始めた政治運動は超党派的な支持を得た。中でも、アレクサンドリア・オカシオ＝コルテス下院議員、マイク・ギャラガー下院議員、トム・マリノウスキー下院議員は、ブリザード社に対し決定を覆すよう要求する書簡に署名した。こうした圧力を受けて、ブリザード社は数日後に、その要求を飲んだ。

ここに挙げたのは、中国が国内のみならず世界中で、基本的な自由を抑圧するために経済的脅迫を行っていることを示す数多い例のうちの二つにすぎない。これは、中国人を外国の「悪い影響」から守ろうとしているのではない。中国の国内の人々は、そもそも外の世界を客観的に見ることを阻まれている。したがってこれは、場所が世界のどこであれ異論を許せない中国の不寛容さの問題である。中国が行っていることは、自国への「理解」の促進に留まらない。彼らは、僕たちが何を知り、何を考えてもよいかということまでコントロールしようとしているのだ。

企業は、いかなる政治的意見の表明にも反対であるという主張によって、検閲を擁護することがしばしばある。しかし、一つの文明全体が一つの党の支配下に置かれると――北京が主張しているように、共産党だけが中国人を代表でき、中国を愛することとは共産党を愛することだということになると――中国に関するあらゆることが政治的になる。民主主義諸国とは異なり、何が政治的で何がそうではないかの区別がなくなり、党と国との間の区別もなくなる。そうした状況においては「自分たちは政治からは距離を置いている」と椅子に座ったまま主張する贅沢は、企業には許されなくなる。

二〇一九年、香港最大手の航空会社であるキャセイ・パシフィックは、ルールがどれほど変わってしまったのかを思い知った。抗議活動を個人的に支持した従業員全員のリストを当局に提出しなければ、中国の領空通過を禁じる（実質的に飛行禁止にする）と中国政府に脅されたのだ。同社はさらに、該当する従業員に懲戒措置を取ることも求められた。個人的な支持メッセージをソーシャルメディアに投稿することすら許容されなかった。キャセイのCEOルパート・ホッグはこの要求を受け入れず「自分自身の名前を一つだけ記したリストを当局に送った」とされるが、同氏は辞任に追い込まれ、同社の経営陣は入れ替えられた。[6] キャセイの親会社スワイヤー・パシフィックはイギリスの複合企業だが、そんなことは関係なかった。中立という選択肢は、すでに存在しないのである。

中国は他の地域でも、自由をどんどん蝕んでいる。自由主義諸国の大学が直面しているのは、中国政権への反対意見を述べる者に対する嫌がらせが、中国によって国家的に支援されているという問題だ。中国大使館の管理下にある中国学生学者連合会は、キャンパスを積極的に監視している。[7] 物議を醸している孔子学院は中国共産党傘下の教育機関であるが、党派性のない中国語・中国文化学科に取って代わるケースが出てきている。孔子学院は、表立って学生に共産党の教義を教え込むようには作られていないかもしれないが、大学内で中国に関する論調を形成しようとしていることは確かだ。かつては中国のありのままの姿を追究しようとしていた学科が、今や、共産党の見解（ナラティブ）を広める場へと変化しつつある。[8]

大学教員も学生も、またその家族までも、日常的にネット上で脅威にさらされている。多くの分野で、駆け出しの大学教員や研究者が、キャリアを築いていけるか否かは中国共産党と協調して働く正しい「マインドセット」を持っているかどうかに依存するようになっている。共産党がその代理人を通じて、研究資金を提供し、教授の地位を約束するからである。オックスフォード大学は、学生が中国の標的にされないよう、中国に関する学習についてはチャタムハウスルール（議論の内容についてはシェアしても構わないが、発言者についての情報をシェアしてはいけないというルール）に則った教育を始めた。[9]他の大学も、この例に倣ったり、独自のガイドラインやポリシーを実施したりしている。学問において欠かすことのできない思想的な探究を行ったがために、香港や中国の学生、または中国にいる彼らの家族が、報復に遭わないように守るためだ。[10]

民主主義そのものが脅かされていると言っても過言ではない。オーストラリアでは、南シナ海の領有権をめぐる問題で中国を支持する見返りに金銭を受け取ったとしてサム・ダスティヤリ元上院議員が、当時の首相マルコム・ターンブルによって告発された。この事件によってオーストラリアは、中国が他国へどれほど浸透して、その国の民主主義を操作しようとしているかを真剣に検討する最初の国となった。ニュージーランドからスイスまで、アメリカからイギリスまでのすべての民主主義国において、中国の統一戦線工作部が、社会と民主主義制度とを内部から蝕んでいることが暴露された。中国大使館もまた、現地の政治家や政党を指導してその党員を黙らせることを問題視しておらず、都合の悪い人間を選挙の候補者名簿から外すことを要求しているとまで言われている。[11]

これを国際政治における、よくあるゲームだと軽視することはできない。中国がロシアと並んで特別な警戒心を抱かれているのは、既成の一線を超えて「グレーゾーン」で新しい活動方法を開拓しているからだ。十年前には、中国もやがては一般的な国際規範を受け入れていくであろうという甘い考えを持つ人もいた。短期的に中国共産党の要求に応じれば、国際機関への参加によって中国はより善くなっていくだろう、という主張だ。この主張は、中国が欧米化しなければいけないと言っているのではなく、一つの成熟した国として、中国も世界の他の国々と同様に、一連の国際規範を尊重し遵守するようになるだろうという意味だ。今になって分かるように、この見方は控えめに言っても楽観的すぎた。現実には、中国はますます権威主義的になり、以前にも増して要求を強めている。穏健な抗議に際しても、中国は侮蔑に対して一層センシティブになり、その振る舞いはいよいよ傲慢になり、その世界観に同意しない相手の追及においてさらに攻撃的になった。

既に世界第二位の経済大国となっている中国が、二〇二八年までにアメリカを抜いて世界第一位となるという予測もある。[12] 近現代史において初めて、権威主義的な一党支配国家が世界最大の経済国になろうとしているのだ。中国は、強者としての立場からだけでなく、国辱意識と犠牲者意識を数世代にわたって自国民に植え付けてきたことによる攻撃性をもって自己主張をしている。[13] 中国政権は、民主的な自由を尊重しないだけでなく、それを脅威だと公言しており、もはや国際ルールに従うふりさえせずに、国際秩序を自ら形成することを目指している。

自由を得るのがどれほど困難であったか、そして自由がどれほど脆いものであるかは忘れられがちだ。ダリル・モーリーのように、自分が正しいと信じることへの支持表明を阻まれるとき、僕たちの良心の自由が脅かされる。人権活動をしたり台湾や香港の未来について議論したことで罰せられるとき、僕たちの思想の自由が損なわれる。最も警戒すべきは、僕たちがそうした束縛の存在に徐々に気づかなくなってしまい、いつの間にか、政党と同じ主張を口にし始めることだ。僕たちには、自分たちの自由を守り、それが脅かされたときには断固として自由を擁護する責務がある。

だが、もし不当に同意なく自由が制限されることになれば、僕たちは喪失感を覚える。そこに抑圧や不正を感じる。

選挙で選ばれたわけでもなく市民に責任を負わない政府のうわべの正当性を守るためだけに、香港で平和的集会を行う憲法上の権利が禁止されたとき、僕は肺から空気を抜き取られてしまったような感じがした。体が重くなり、方向感覚が失われていくようだった。何よりも、僕は無力感を覚えた。

二〇一九年、抗議運動がまだ初期段階にあったころ、僕は、デモ隊と警官隊がせめぎ合う前線にいたことが何度かあった。衝突の光景で最も印象に残っているのは、両者の物理的な力の差だ。警官たちは戦闘服に身を固め、火器や警棒や盾で暴動鎮圧用の完全武装をしていた。一方でデモ隊はその多くが若者であり、中高生くらいの子供もいたが、彼らが身につけていた防具はゴーグルと黄色いヘルメットだけだった。彼らの多くは小さなバックパックを背負って、その中には水と濡れタオル、場合によっては少しの食料と応急手当セットを入れていた。驚いたことに、暴行を受けたり逮捕されたりした時に備えて、家族や弁護士に宛てた手紙を持ち歩いている人もいた。少数ではあるが遺書を携えている人までいた。香港の人間が、かつて「アジア随一」と誇っていた香港の警察――本来であれば自分たちを守ってくれるはずの警察――に殺されるかもしれないと感じていたことはショッキングだった。

抗議者たちは手紙の中で、家族や愛する人に心配をかけてしまうことをしばしば詫びていた。

「本当に死んでしまうかもしれないと不安でたまらない。もう二度と君に会えなくなるかもしれない。君を泣かせて君を傷つけてしまうかもしれないと思うと辛い。それでも僕は、この街頭での抗議から逃げることはできない」

「実のことを言うと、死んであなたにもう会えなくなることが心配なのです」

「あなたに酷いショックを与えて泣かせる結果にならないか心配です。それでも街頭デモに行かないという選択肢は私にはないのです」

ニューヨーク・タイムズの記事に「nobody」と名乗る抗議活動の最前線にいた二二歳の匿名の男性による最後の手紙が掲載されている。[14]

「お父さん、あなたの傍で息子としてやるべきことがあるのに、こんなにも早く先立つ僕は親不孝者です」

他にはこう書かれている。

「僕がいなくなっても、どうかお元気でいてください」

「怖くないと言ったら嘘になります。それでも、僕たちは諦めるわけにはいかないのです」

これほど多くの人々が、こんなにも強く抗議活動の必要性を感じていたという事実に、涙を誘われると同時に鼓舞されもする。あの頃、香港の自由と価値観を守るための道は、抗議活動で戦うことしか残されていないかのように思われ始めていた。他の道がすべて塞がれてしまった以上は、街頭に出て抗議するしかないと人々は感じ、そのことについて罪悪感と失望感をあらわにしていた。僕たちには責任がのしかかっていた。抗議することも、命を危険にさらすことも、誰かに強制されたわけではない。それでも何十万もの人々がそうした。彼らを動かしていたのは、彼ら自身の良心だった。

北京と香港政府の擁護者が､暴徒呼ばわりし､家族を顧みずに犯罪行為に走る非行少年やトラブルメーカーであるかのように描き出そうとしていたのは、こうした人々なのだ。事実は逆であり、僕が出会った数多くの抗議者たちは犠牲を払っていることを知っていた。安定した快適な生活を送り、それぞれの分野で成功を収めている人も多かった。物質的な面からすれば、抗議活動への参加から得るものは何もない。実際には、彼らには失うものがたくさんあった。それでも彼らは、声を上げる覚悟を決めたのだ。

ベラルーシ、タイ、ミャンマーなど世界のどこであれ、抑圧を感じている人々は、すべてを危険にさらしてでも自らの権利のために闘おうとする。これは自分たちのことを第一に考えるからではなく、それが公正で自由な社会を築くための自分たちの役割であると信じるからだ。こんなふうに書くと、自由というものが崇高な理想に見えてしまうかもしれないが、僕はむしろ自由というのは、思考されるだけでなく腹の底で感じるもの、頭だけでなくハートからやって来るものだと思う。自由を追求する原動力となるのは理想だけでなく、それとは逆の状態、すなわち不自由に対する激しい反発でもあるのだ。抑圧されているという感覚、不正義や不平等を目の当たりにしたり経験したときの感覚が、人々を突き動かしている。

不正義の中で僕たちは、行動を起こす理由を見出し、並はずれた強さと勇気の源を得る。何十万人もの若者が主要幹線道路を占拠して民主主義を求めた二〇一四年の雨傘運動で僕が目にしたように、共感力、無私、共同体感覚といった、人間の本性における最高のものをそこで見出すのだ。コミュニティを良くするために、見知らぬ者同士が互いを大切にしあい、相手を思いやり、持てるものすべてを分かちあっていた。同じ信念のために共に立ち上がり、さらには共に苦しむことで、僕らの絆は、他のやり方では望み得ないほどに強くなった。

香港人（Hongkonger）というアイデンティティが極めて重要な理由、そして、中国が締め付けを厳しくすればするほどその絆が強まっていった理由はここにある。「香港人」という言葉が意味するのは、もはや、故郷の都市で生活体験を共有する人々というだけではない。抗議活動を支持した大多数の者にとって、その言葉は、自分たちの状況に特有な痛みや苦しみの共通体験までも意味するようになった。コミュニティの中で他者が兄弟姉妹のように見え始めたら、あなたは彼らを家族として大切にするようになり、どんな犠牲をも厭わないという意志を持つようになる。

避難の地から迫害の地へ

二〇一七年八月一七日、裁判所に出廷しなければならない日の朝、僕はいつもより遅く目覚めた。僕は二匹の猫と一緒にベッドに横たわっていた。この子たちは保護猫だったから、一層愛情を注いであげなくてはと僕は思っていた。撫でてやると、僕の手に反応して体をリラックスさせるのが伝わってきた。ゴロゴロという猫ならではの愛くるしい声を出し、感情を揺さぶるような音を立てるのだった。あの子たちは、僕が「さよなら」と言っていたことを知らなかった。

僕はベッドにいる感覚をそのまますべて記憶しておきたかった――マットレスの肌触りも、横になったときにそれが体にフィットする感触も。香港の多くのアパートと同じように、僕がいたアパートにはベッドルームしかなかったけど、僕にとっては家族から離れて暮らす初めての家だった。そしてこれがその見納めになるのだ。

大家さんの厚意で、契約を途中解約してもらえた。これは香港では珍しいことだ。僕は内心、僕の置かれた立場や闘いの大義に、大家さんが個人的に共感してくれているのではないかと思っていた。口に出す人こそ少なかったものの、ほとんどの人がそうだったからだ。僕がいなくなったら、ここへ家族がやってきて荷物をまとめ、この部屋を返せる状態にしてくれるだろう。この部屋の次の住人のことを考えずにはいられなかった。新しい住人は、僕の身に起きたこと、僕が突然ここを去らざるを得なくなった理由を知っているだろうか。きっと知っているだろう。だが、どんな苦難にもかかわらず、香港での人々の生活は続いていく。

拘置所では収容者が靴紐を使うことが許されていないので、僕は紐のないスニーカーを履くことにした。判決が下されると、僕はすぐに裁判所の拘置室に連れて行かれた。時間はのろのろと過ぎた。部屋は冷たく、味気なかった。環境の厳しさと人間味のなさが身にこたえた。窓から漏れ入る微かな陽の光に気づいて、あれが肌に届けばどんなに暖かだろうと想像した。僕は記憶を辿りながら家族のことを考え、自分が必要としながらも失われている存在を心の中に構築していった。家族を抱きしめたときの感触や、言葉にはならないものを語る母の眼差しを。

二〇一七年一〇月、監獄から釈放されたとき、僕は別人になっていた。無邪気さは消え失せていた。すでに僕にとって香港は、子供の頃やって来たあの都市と同じではなくなっていた。香港が「家」でなくなったわけではない。実際その時、僕にとって香港はそれまで以上に大切な場所になっていた。しかし、いちおう釈放されたとはいえ、見えない足枷にまだ繋がれていることを僕は知っていた。それは見えないがゆえになおさら、たちの悪いものだった。自由のない都市で生きる恐怖は、牢獄のように人を物理的に拘束しないにせよ、心を縛りつけることに関しては牢獄と変わらない。自分の意見を持っているというだけで友人たちの身に何か悪いことが起こるのではないかと、僕は心配だった。選挙で不正を疑われるとか、選挙前の身元調査に引っかかるとか、友人たちがでっち上げられた罪を着せられるところを想像した。実に多くの活動家たちがこうした迫害を受けて、投獄されたり亡命したりしてきたのだ。何が犯罪を構成する要件であるのかが曖昧になると、自分の想像力は、自分にとって最悪の敵になる。

僕の知っている昔の香港は自由だったような気がするが、代表民主制がなければ、それは砂上の楼閣だったのだ。市民の生活がどうなるかは、政治家が香港の価値観と自由を理解して尊重し、その独特な歴史を正当に評価するかどうかにかかっている。しかし、市民を尊重するように香港の政治家を動機づけるものは何もなかった。北京が支配力を強めると、香港の自由は急速に失われていった。現状では、香港政府のリーダーである行政長官は、中国共産党によって間接的に任命されている。北京が候補者を選別し、北京が支配する組織によって選挙が行われ、北京の承認を受けて任に就くのだ。だから香港政府は、中国共産党に対してのみ責任を負い、中国共産党にのみ奉仕することになる。このシステムにおいては、香港政府は市井の声に耳を傾ける必要がない。民主主義がなければ、自由は、僕たちの生まれながらの権利ではなくなり、当局によって与えられるものとなる。

植民地時代の香港総督は選挙で選ばれていたわけではなかったが、少なくとも、民主的な選挙で選ばれた政府によって任命されていた。歴代の香港総督は、市民と価値観を共有し、開かれた自由な社会で生きることの意味を理解し尊重していた。イギリスは、公平な裁判制度によって正義を担保し、出版・報道の自由を通じてある程度の説明責任を追及する手段を僕たちに残してくれた。中国政府は一党独裁政権である。選挙で選ばれたわけでもなければ、説明責任も負っていない。批判も反対意見も許さない。限られた自由ですら、共産党の絶対的な権威に対する脅威とみなされるのだ。

二〇一四年以降、香港の自由は劇的な速度で侵食されている。一九八四年の中英共同宣言に対する「明白かつ深刻な」四つの違反があると表明したイギリスは、現在、中国は「継続的な不履行」状態にあると見ている。[15] アメリカ、カナダ、オーストラリア、EUなど国際社会の多くの国々がこの立場に同調しており、[16] これらすべての国々は現在、香港にはもはや、かつて享受していた特恵を受けるに足る自治性がないと認識している。アメリカは、香港に対する貿易上の優遇措置を延長せず、[17] 他の多くの国々は、人権が保障されなくなったことを理由に香港との犯罪人引き渡し条約を停止した。[18]

これまでで最悪の出来事はおそらく、二〇二〇年六月三〇日に、中国政府が香港に新たな国家安全維持法（国安法）を押し付けたことだ。その際、北京は条約上の義務を破った。香港政府や立法会を含むすべての香港の機関が素通りされ、協議のプロセスはなかった。この法律は、あたかも天から声が下ったかのように、命令によって制定された。

国安法が扱う犯罪の範囲は、分離（中国から離脱しようとすること）、転覆（中央政府の権力や権威を傷つけること）、テロリズム、外国勢力との共謀であるが、その定義が曖昧であるため政治的解釈の余地があり、当局に逮捕の全面的な権限を与えるものである。中国政府や香港政府に対する嫌悪感を刺激することが犯罪化され、政府所有物にスプレーで絵を描くだけでテロリズムと見なされる恐れがある。中国政府によると、この法律は香港の安定性を回復するのに役に立つそうであるが、それは市民の不満を解消することによってではなく、市民の口を無理やり塞ぐことによってそうするのだ。

施行後の数日間で、スローガンを唱えた人々を、警察はこの新法のもとに逮捕し、起訴しようとした。「香港に自由を（Free Hong Kong）」と口にすることは今や重大な刑事犯罪なのだ。ステッカーを所持していたというだけで逮捕された人々もいた。

中国本土の公安職員が、現在、香港政府に対して説明責任を負うことなく香港で職務を遂行している。新法に基づいて逮捕された者は、陪審員のいない、政治的に任命された裁判官による裁判にかけられて、中国本土に引き渡され投獄される可能性がある。このように国安法は、中英共同宣言と香港基本法によって保護されている権利を侵害しており、それどころか中国の憲法にさえ違反している。しかし、この最も苦しい時代においてさえ、たとえ目立たないところに隠れざるを得ないとしても、香港の一般市民の精神は輝き続けている。

あれほど大規模な抗議運動を目にすることはこの先ないかもしれないが、個々の抵抗活動は続いている。弾圧や不正義に直面しても、自由と民主主義を希求する炎は、僕たちの心のさらに奥深くで燃え上がる。試練が大きければ大きいほど、それに立ち向かう人間の精神は高くまで飛翔する。かつて当然のものとして享受していた自由を失う経験は実に恐ろしいものだったが、しかしその過程で香港人は、最も大切なものが何であるのかを再発見した。闘い続けることによって、僕たちは自由を感じ続けることができる。僕たちが闘い続けている限り、正義が勝つという希望が消えることはない。

僕は幼いころに深圳を離れ、より良い生活と自由を香港に求めた。当時、中国を含む世界中の多くの人々が、やがて中国は香港のようになっていくだろうという希望を抱いていた。しかし今日では逆に、香港が中国のようになりつつある。亡命中の僕には望めないことだが、もしも僕が今の深圳に戻ったら、街中に掲げられた習近平国家主席の写真だけでなく、中国が「民主」や「法治」さらには「自由」といった理念の擁護者であると主張するスローガンを目にすることになるだろう。あらゆる概念が「中国の特色」によって歪められたパラレルワールドが創られつつある。中国は二十年前と比べて経済的には驚くほど豊かになったかもしれないが、依然として、香港とは大きく異なる場所である。

中国と香港が異なるのは、その社会を支える価値観が異なるからだ。しかし、遠くない過去において、香港と中国のどちらの人の目にも、同じ希望と決意が宿っていた時期があった。世界中の華人が、富だけでなく自由を同じように夢見て一つに結ばれていた時期があったのだ。それが花開いたのは一九八九年五月、中国全土で何百万人もの人民が平和的な抗議活動に参加し、経済的自由化だけでなく政治的自由化を求めた時だ。彼らは共産党の転覆を望んでいたのではなく、党と体制が進化することを望んでいただけだった。一九八九年六月、後述するように、戦車と銃によってこの希望の炎は大陸では鎮圧されてしまった。しかし、弾圧や愛国主義教育制度、歴史修正主義運動などにもかかわらず、その炎は今も中国人の心の奥で燃え続けており、埋み火ではあるかもしれないが、まだ完全に消し去られてはいない。

人生というのは、経済や物質的な豊かさや狭量なナショナリズムよりも、もっと大きなものだ。人民が自由であることを許さない国は、いつまでも貧しさの中に留まり続けるしかない。そこでは、人間性のきらめき、人間の豊かな可能性が失われているからだ。

香港の人々が、彼らに約束された彼らにふさわしいもののために闘い続けている限り、あの都市を僕の「家」たらしめた精神は生き続けることだろう。地平線の向こうに炎が赤々と燃え上がっているのが見えなくても、まだどこかで炎が燃えていることを知っていれば、それが僕たちに希望をくれるのだ。

第二章　蝕まれる自由

香港の物語

イギリスの植民地だった香港は、アジアの民族主義者や反植民地運動にとっての避難先であり、組織化を行うための場所だった。香港は比較的自由だったため、過激な新聞を発行し、人員を駆り集め、資金を調達することができた。香港のイギリス人行政官にとって優先事項は貿易であって、イデオロギーではなかった。安定性と良好な外交関係が損なわれない限り、自由放任主義（レッセフェール）の植民地支配は、当局からの押し付けがないということを意味した。政治的な意見を持つことも、それを表明することも、当局を公然と批判することも、犯罪とはされなかった。

香港人の自由を否定しようとする人々から「香港が自由だったことなどこれまで一度もない」「北京に対して現在要求しているような自由をイギリスが香港に与えたことはない」などと言われることがある。一面でこれは正しい。香港の人々は、外部からの干渉を受けずに自分たちの政府を選ぶ機会をずっと奪われてきた。また、中国の一部であれイギリスの植民地であれ、香港がこれまでずっと帝国の一部としてしか存在してこなかったというのも正しい。とはいえ、実際のところはそれほど単純ではない。

イギリスにとって、香港という直轄植民地は、財政を圧迫する負担となっていた（やっと採算が合うようになったのは一九八〇年代に入ってからだ)。また、ロンドンでは徐々に、香港の存在は、恥ずべき過去の遺物と見なされるようになっていった。中国共産党が一九四九年に政権を掌握したときには、北京が香港の返還を要求することが予想された。もし中国が香港の返還を望めば、イギリスにそれを阻止する力はなかった。

中国が返還を要求しなかったため、イギリスは、シンガポールと同じように香港にも自治権と自治領の地位を与えることを提案した。これは、前進的な植民地主義の考え方と軌を同じくするものだった。だが周恩来が、一九五八年のイギリス政府高官との会談において、イギリスが香港に自治権を与えることを「非常に非友好的な行為」と見なすという北京の立場を表明する。一九六〇年代にアメリカの後押しを受けて、イギリスが再び植民地における限定的な自治権の問題を提起したときも、中国政府は明確な拒否反応を示した。香港の労働組合代表に対して、中国の指導者は「香港、九龍、新界を解放させるために積極的行動を起こすことを躊躇しない」と明言したのである。[19]

歯に衣を着せない香港社会と、権威主義的な中国との隔たりは、ますます顕著になっていった。毛沢東の中華人民共和国は、生活のあらゆる面に介入し、党の教義に逆らわないことだけでなく、服従することまでも要求する全体主義国家と化していた。他方でイギリスは、自国の帝国の終焉を受け入れようとしていた。毛沢東主義の教義が中国本土を抑圧する中で、香港の価値観はまったく別の方向を向いていた。一九六四年、中国が新疆ウイグルで初の核実験を行った年に、香港の新聞は次のような報道をしていた。「昨日、何百人もの香港のティーンエイジャーが悲鳴をあげてイギリスのビートルズを熱狂的に歓迎した」[20]

北京が恐れていたのは、すべての華人の代表であるという中国共産党の主張を脅かしかねない政治的な代替勢力が植民地で台頭することだった。その一方で、植民地としての香港の地位を継続させることは、共産党に経済的利益をもたらしていた。国内経済が国家の厳重な統制下にあった時代に、香港を介さなければ中国がアクセスできなかった市場への道を開いたからである。イギリスにとってこれは理想的なことではなかったが、香港における自国の商業的利益を危険にさらす覚悟はなかった。

香港には自治権こそなかったかもしれないが、少なくとも、香港を運営し統治していたのは、自由を理解し尊重する人々だった(たとえ彼らが、香港に欠けていた政治的自由を与えられる立場にはいなかったとしても)。政治的権利は抑圧されていたが、香港は自由世界の他の地域と同様に、自由で開かれた社会の恩恵に浴し続けた。表現の自由も、活発で自由な報道も、法の支配も、すべて享受することができた。選挙で選ばれたわけではないとはいえ、民主主義の伝統に基づき説明責任を果たす必要性を理解している高官に、専門的な公務員は仕えていた。香港の住民は、ロンドンの国会議員に手紙を出して懸念を表明することができたし、実際にそうしていた。このようにして、植民地行政の腐敗や児童労働などの問題が地域社会から提起され、対処されていた。

自由は、制度だけでなく、ものの見方や考え方(マインドセット)に依存する。香港を統治していたイギリスの行政官は、自由の長い伝統を持つ社会で育った人たちだった。彼らは人権を理解し尊重していた。また、自分たちの権力行使が正当性を欠くことを、植民地の支配者として痛感していた。そのため彼らは概して慎重であり、一つの勢力に肩入れすることを本能的に避け、利害のバランスを取ることを図った。このことは、政治的忠誠心をめぐって中国共産党、中国国民党、そしてイギリス帝国が競合するのを、植民地行政がどのように対処したかということに最もよく顕れていた。植民地の行政官は、ローカルな方言を話すことが多く、ローカルなコミュニティでの人間関係を大切にしていた。現在でも、そうした関係を覚えている人は少なくない。要するに香港は、ロンドンや北京の都合によってではなく、現地の実状に照らして統治されていたのである。

一九六〇年代後半から一九七〇年代にかけて、イギリスの植民地政府は、香港の未来について北京と交渉を始める前に、香港を地域の重要な金融センターとして確立しようとした。香港を中国にとって経済的に重要な都市にすれば、交渉で香港にとって有利に働くはずだとイギリスは考えたのである。それはまた香港が共産主義国に返還された際に予想される混乱を乗り切るための備えでもあり、さらに、香港におけるイギリスの経済的利益を守るためでもあった。香港は「金の卵を産むガチョウ」となるだけでなく、中国が世界の市場と資本にアクセスするための橋渡し役となるはずであった。それまで歴史的に中国の商業と金融の中心地であった上海が、一九四九年を期に衰退したため、香港がこの役割を担うのには絶好の機会であった。

香港を国際的金融センターにするためには、外国資本や投資にとって魅力的な都市にしなければならなかった。法の支配、そして、情報や資本の自由な流れ、さらに、土地や財産の私的所有の保護が、都市経済を構築するための安定した基盤となった。

外国の人材を惹きつけるために都市を、社会的、文化的に発展させる投資も行われた。一九八〇年代には、香港は独自の市民社会を形成し、固有の香港華人コミュニティとしてのアイデンティティを確立していた。その歴史のほとんどを移民や難民が担ってきた都市に、香港を故郷とする新しい世代が生まれた。香港人は徐々に、自分たちを大陸の中国人とは異なる、独自の文化的、思想的、歴史的ルーツを持つ存在と考えるようになっていった。この香港アイデンティティは、中国人であるということと、まったく矛盾するものではなかった。実際、多くの人々にとっては香港こそが、共産党とは無縁の、政治的ではない「本物の」中国のアイデンティティを保持していた。

政治的代表権が再び問題となったのは、一九八〇年代に入ってからのことで、香港返還をめぐる英中交渉の最中であった。香港はもはや単なる避難先ではなく、人々が根を下ろす場所へと変化しており、政治的権利が、拡大する中産階級の関心事となっていた。香港市民の政治化を促したのは、理想よりもむしろ恐怖だった。人々は、現在享受している自由が、権威主義的な中国によって侵食されることを心配したのである。これが移民の第一波を引き起こし、数十万人が香港を離れ、主にカナダとオーストラリアへ向かった。香港の住人の多くは、共産主義中国の抑圧から逃れてきた人々だったので、北京がどんなことをしでかすことになるかよく分かっていたのである。しかし北京は、香港の人々に、自らの未来を決める発言権を決して持たせようとはしなかった。

清朝が一世紀前に強要された「不平等条約」によって生じたイギリスの香港への主権を、中国は認めてこなかった。イギリスは香港を管理しているに過ぎないと考えられていた。香港返還交渉において北京に要求する正当性は、イギリスにも香港の人々にもまったくない、と北京の目には映っていた。香港市民はいわば、すでに中国人なのであり、中国共産党に代表されているというのである。このようなわけで、イギリスが抗議したにもかかわらず、香港人は香港の未来についての交渉から排除され、発言権を否定されたのである。

香港の未来についての交渉は、中英共同宣言に結実した。これは国連に登録されている法的拘束力を持つ条約である。イギリスは、新界の租借期限が一九九七年に満了するのに伴い、市街地の含まれる香港島と九龍半島への主権も放棄することに同意した。それに対して、中国は「一国二制度」の下で、香港の自由と、独立した政治制度、経済制度、法制度、および生活様式を維持することに同意した。これは少なくとも五〇年間、つまり二〇四七年まで続き、その後も更新可能とされた。

この合意は、双方の利益となるものだった。イギリスは、もはや戦略的に必要ではなく、政治的に擁護できない植民地経営から撤退する機会を与えられた。これによってイギリスは、自国の帝国主義の歴史に威厳を持って幕を閉じ、少なくとも香港においては、それが善なる力であったという結論を得ることができた。他方で中国は、返還によって、彼らの考える歴史的過ちを是正することができ、中国史における屈辱的時代に幕を引くことができた。中国が一国二制度を保証したことによって、イギリスは、植民地の人々を権威主義国に引き渡したという不名誉を免れることができた。同時にこの条約により北京は、香港の「祖国復帰」を、中国再統一という国家プロジェクトに向けた重要な一歩として提示できた。そしてその際に、中国は、これが香港の人々が実際に望んでいることなのかどうかという厄介な問題を避けて通ることができたのである。

この合意を受けて香港植民地政府は、一九八四年に「香港における代議制の更なる発展に関する緑書」という提案書を発表した。政党が結成されるようになり、一九八五年に間接選挙で初の立法評議会選挙が行われ、一九九一年には直接選挙が行われた。これは時代の変化を反映したものだった。中国共産党第十一回全国代表大会で、鄧小平は文化大革命を否定して、中国の対外開放に舵を切っていた。中国経済の自由化が始まっていた。一九八二年には中国で新憲法が制定され、少なくとも書面の上では人権が保障されるようになった。規制が緩和されたことで、依然として高度に権威主義的な国家でありながらも、中国に市民社会が出現する兆しが見え始めた。多くの人が、香港が先駆けとなり、より自由で民主的な中国への道が切り開かれることを夢見た。

だがその後、一九八九年に北京の天安門広場と中国全土で起きた出来事によって、この夢は打ち砕かれた。抗議活動に対する弾圧は、香港の人々に大きな影響を与えることになる。香港を去る人も多く、余裕のある人はアメリカ、イギリス、カナダ、オーストラリアへと移住した。絶頂期でさえも脆かった中国共産党に対する信頼は、崩れ去った。北京が優先するのは人民ではなく、党を存続させることなのだと人々は思い知らされた。

一九八九年以来外交的に冷遇されていた北京を、初めて世界のリーダーとして訪問したのが、当時のイギリス首相ジョン・メージャーだった。彼が最も懸念していたことの一つが、香港の主権移譲を円滑に行うことだった。一九九〇年にイギリスは、後に香港特別行政区の憲法となる「基本法」を導入することによって、不安を解消しようとした。中英共同宣言において保障されたのが、香港の既存の制度や自由が、損なわれないことであったのに対し、基本法では、北京がさらなる民主化改革に取り組むべきことが明記された。基本法の第四五条と第六八条には、行政長官と、立法会の全議員が、民主的な手続きに従って普通選挙で選ばれることが「最終目標」であると記された。

このことは、最後の香港総督（一九九二〜九七年）であったクリス・パッテンにとっても重要なことであった。彼は異例にも外交官ではなく政治家であり、香港の人々にとって正しいことをするためなら、外交上の波風を立てることを辞さない覚悟を持っていた。北京と、香港のビジネスエリートたちを怒らせながらも、彼は、任期中に憲法改正の議論を始めることに強くこだわった。「香港人は政治的ではない。民主主義は西洋の理想に過ぎず一般大衆には何の意味もない」と断定的に彼に言う者もいたが、それは彼が市井の人々から直接聞く話とは食い違っていたし、調査では、彼の改革案に対する高い支持率が常に示されていた。一九九四年、彼の改革案は立法評議会で可決され、代表民主制が大幅に拡大された。一九九四年の区議会選挙と一九九五年の立法評議会選挙では、民主派の候補者が軒並み勝利した。

北京はパッテンを、「千古罪人（千年にわたって許されない罪人）」と非難した。[21] 元駐中国大使でイギリスの対中政策の立案者であったパーシー・クラドック卿によれば、パッテンは「中国人に極めて不愉快な思いをさせた」ため、すでに締結された協定を危険にさらしたのである。一九六七年に北京のイギリス大使館が左翼の暴徒に襲撃されたときに公使を務めていたクラドックは、イギリスの立場が弱いものであることを本能的に察知していた。中国の指導者たちは「凶悪な独裁者」であるが、「約束は守ると信用してもいいだろう」と彼は述べた。

民主主義を希求する人々と、もっと「実用主義的」な親中派勢力との間で意見が分断されていたにもかかわらず、パッテンは、その後の時代の行政長官の誰よりも、遥かに高い人気をもって退任した。ここで心に留めておきたいのは、そうした愛国的な親中派勢力であっても、そのほとんどは、やはり自由を求めていたのだということだ。ただ彼らの政治的立場は、夢を追っているというよりもむしろ、クラドックのように恐怖に駆られているという点が違ったのである。

パッテンの努力にもかかわらず、一九九七年は、香港の主権移譲前に民主的体制を確実なものにするという希望が絶たれた年になった。香港で、イギリスのユニオンジャック旗が降ろされ、代わって中華人民共和国の五星紅旗が掲げられた。香港の街角には、歴史的な光景を目にしようと多くの人々が集まった。しかし、その雰囲気は決して楽しげなものではなかった。圧倒的多数の人々は、植民地支配の抑圧から解放されたとは感じていなかった。周到に演出された舞台とは裏腹に、そこを支配していたのはある種の恐怖のムードだった。この領土は、半自治権を有しているかもしれないが、残りの半分は権威主義国に属しているのだ。多く人の心中には疑問があった。中英共同宣言で北京が保障した「高度な自治」は、自分たちの生活様式を保障するのに充分なのだろうか？　「港人治港」の言葉通りに、香港人によって香港は統治されるだろうか？　そして、中国共産党の下で苦しんできた人々の家族は、北京が約束を守ると信用するのだろうか？

中国共産党から逃れてきた家族を持つ香港人の多くは、少なくともかつては、北京を信用することとなどできないと感じていた。歴史は、彼らが正しかったということを示している。北京は、パッテン改革の下で選出された議員を承認せず、直ちにパッテン改革を反故にした。新たに大きな疑問がここで生じることになった。北京はいったい、普通選挙と民主的手続きをどのように理解しているのだろうか？

ほとんどの香港人にとって、生活は以前と変わらなかった。当時、地元の人々が「競馬とダンス」は続いていると表現したように、日常の暮らしは一見変わらないかのように見えた。しかし、数年も経たないうちに、変化の兆しが現れ始めた。経済が中国に依存するようになり、北京からの政治的圧力に対する香港の耐性力が侵食されていった。さらに不吉だったのは、香港の重要な諸機関がその機能を変化させ始めたことだった。かつてアジアで最も活気があり自由だった報道機関が、所有権や戦略的人事によって、北京に取り込まれていった。自己検閲がますます盛んに行われるようになった。これは、（主に中国系の）多様なアイデンティティからなる都市においては、特に恐ろしいことだった。新聞はコミュニティの表現手段から、法令遵守を押し付ける手段へと微妙に変化していった。香港のアイデンティティの定義は、かつては香港の人々に任されておりイギリスによる干渉はなかったが、それが北京によって上書きされつつあった。学校では母国語学習が、広東語から北京語へと、いつの間にか切り替わった。以前は、多様なアイデンティティが受け入れられていたが、それが「中国を愛し、香港を愛せ」というアピールに取って代わられた。「中国」という言葉が、僕たちの文明的、文化的、家族的な伝統を意味するのではなく、突然、共産党を意味するようになった。

このような事が重なるにつれ、香港の人々は反発し始めた。徐々に一九九七年は「祖国復帰」の年だとは見なされなくなっていく。「祖国」といっても、香港と同じ言葉を話さず、香港の価値観を尊重せず、香港の歴史を認めていないのだということは言い添えておかねばならない。一九九七年は、一つの植民地支配が、別の植民地支配に置き換わった年であり、以前より寛容さも自由度も、さらには説明責任も失われたのだと見なされるようになっていった。中国共産党の下では、野党はまったく存在しなかった。一つの大きな党だけが存在し、中国人民政治協商会議のメンバーの「忠誠」に褒美を与え、従わない者たちには罰を与えていた。

北京と関わり合いを持つように招かれた民主主義者は少なくなかったが、「協議と対話」をしたところで、北京には話を聞く気など初めからないのだということが明らかになり、互いに立ち去ることになるだけだった。実際、中国共産党は、イギリスが去った後は、一貫して憲法改正問題の審議を拒否している。投票については言うまでもない。

今振り返ってみれば明らかなことは、イギリスがまだ議論のテーブルに着いていた頃に、香港はもっと闘っておくべきだったということだ。香港人のアクティビズムによって、もっと頑健な条約を結ばせることができたかもしれない。というのも、中英共同宣言には、強制力を持つメカニズムが存在しないという問題点があるのだ。香港の憲法である基本法は、その解釈を北京に委ねているため、基本法に従って実現すべき最終目標であるところの普通選挙と代表民主制が、「中国の特色」をもって解釈されることになってしまった。これがどういう意味なのか、ほどなく香港は気付かされることになる。

自由の失われる感覚

こうした政治的に難のある返還が行われていた頃、僕は同世代のごく一般的な人間として育った。香港の競争の激しい学校生活を切り抜けるために多くの時間を費やしたが、特別に勉強熱心な学生というわけではなかった。弁論部に所属していて、放課後には時折サッカーをした。その他には特別な活動をしていない。僕はビデオゲームが好きだった。自分のことを政治的だとは思っていなかったし、政治に詳しかったわけでもない。政治家や活動家になることを夢見たことはない。なりたいとも思っていなかった。しかし、人生というのは分からないものだ。

貧しい家庭に育った僕は、政治など自分の人生からまったく掛け離れたものだと感じながら育った。香港で何が起こっているか知ってはいたし、僕の周りで起こっている変化を見たり感じたりしてはいたが、それをテレビや新聞の政治議論と関連付けるのは難しいことだった。僕は現在、政治とは、社会を変える力が自分にあると信じられる人たちが関わるものだと考えている。

僕が育った環境では、未来に希望を感じることも、社会を変える主体性を感じることもできなかった。僕の両親は、生計を立てるために懸命に働かなければならなかった。両親の地位は決して安定したものではなく、ときには失業することや、転職を余儀なくされることもあった。家計は常に厳しく、不安定だった。僕たちは公的補助を受けた公営住宅に住んでいて、その閉ざされた世界の向こう側を見る機会は限られていた。そのため僕は自然と内向的に育った。

幼少期から青年期にかけてのほとんどの期間、僕は心に思ったことを自由に発言することができた。たとえ中国の体制に批判的な内容であっても、自分の興味のある情報にアクセスできた。僕の世代は、ヤフーやグーグル、ICQなどのメッセージアプリ、フェイスブックなどのソーシャルメディアを通じて、世界と繋がっていた。香港でも海外でも、政治家が政府を批判している姿を見ていた。権力に責任を負わせ、より良い変化を引き起こすための、批判の重要性を認識していた。平和的抗議に関するスピーチを聞いたり見たり読んだりすることができた。たとえ人生が必ずしも公正ではないとしても、自分たちが享受している自由と、真っ当な司法制度がある都市に住んでいるという事実を、僕たちは誇りに思っていた。これは、中国で起こっていること、つまり、弁護士やジャーナリスト、労働権や人権の活動家が投獄され、腐敗が蔓延しているのとは、まったく違っていた。たとえ政治に深い関心を持っていなくても、そのコントラストは見落としようがなかった。

生活様式、統治の構造、享受できる自由の度合いにおいて、香港と中国が、どれだけ異なっているのか僕たちは理解していた。二つの社会は、それぞれ違う別の道を歩んで来たのだ。「一国二制度」について詳しく学ぶ前から、僕はそれが実際に何を意味するのかを直感的に理解していた。中国本土とのその違いにおいてこそ、香港は生き残ることができるのだ。香港の統治システムのおかげで、一党独裁の中国ではありえないような、多元的で国際的な社会として香港は存在していた。香港のシステムは、アメリカ、イギリス、カナダ、オーストラリアといった外国の自由民主主義国と共通点が多く、香港市民の多くが彼らとの繋がりを持っていた。そして、これらの国における最良の部分がそうであるように、香港もまた人種的民族主義という狭い考え方に囚われず、その開放性と多様性を誇りとし、そこに強みを見出していた。

しかし、北京が重きを置くのは、決して「二制度」ではなく、「一国」の方である。「二制度」は「一国」の部分として、一党支配の下においてのみ存在を許され理解されるものだ。中英共同宣言に署名した法的義務があるにもかかわらず、現在、北京はこの条約を、中国を法的に拘束しない「歴史的文書」であると位置付けている。北京にとって香港は、中国の「再統一」という国家主義的な物語の一里塚に過ぎない。それは中国を、諸国家の中心リーダーとして正統な位置に「復興」させるための不可欠な一歩だったのである。

自由に生きるという感覚は、少しずつ失われていった。その変化は、香港の至る所で起こっていたが、おそらく、声を上げることのできない人々の間でそれが最も顕著だったろう。僕はそれを感じていたし、家族や友人も感じていた。自分たちの生活様式の小さな変化の中にそれを感じた。また、自分たちの言語が脅かされたときにそれを感じた。ふとした態度の変化の中にもそれを感じた。たとえば、香港の違いを尊重せずに僕たちの故郷を中国の一都市と見なす観光客、地元住民を差別する店員、役人や権威ある人々の口調や言葉遣い。だが、最も重要なことは、故郷やアイデンティティや歴史についての僕たち自身の理解や、記憶するべきとされる事柄の中に、この変化を感じたことだ。

僕の世代にとって、一つの分水嶺となったのは、市民的不服従の雨傘運動が起こった二〇一四年だ。攻撃的なデモではなかった。人々はスローガンを唱え、歌を歌った。その一方で、都市全域に、警官や機動隊の隊列が配備されていた。

その日、歩道橋の上から群集を眺めていた友人は、二つの香港が衝突するのを目撃していることに気付いたという。この二つの香港が、公然と衝突するのはそれが初めてのことだった。一つは、移民としてではなく、生粋の香港人としてこの都市を大切に想う新しい世代が率いるものだった。この世代は大胆に理想を掲げ、新しいタイプの政治を思い描いた。そして何より、彼らは中国を恐れなかった。もう一つは、北京におもねる香港の権力者たちである。

友人が群衆を眺めていると、暴動用の完全装備をした警官隊が列をなして行進してきた。彼は挨拶をしたが、暴力的に突き飛ばされた。床に倒れた彼が見上げると、警官が、今度は老女を突き飛ばしているのが見えた。彼女の顔に浮かんでいたのは、当時は人々が警察に対してほとんど抱くことのなかった感情、すなわち「恐怖」だった。「あんなにイキリ立った警官を見るのは初めてだった」と友人は言う。「彼らはまるで、現実の状況には反応せずに、何か存在しないものを見て、その存在しない何かに反応するように条件付けられているみたいだった」。後に僕たちは、香港警察が、中国の治安部隊によって事前に仕込まれていたのだと知ることになる。

立法府を支配していたにもかかわらず、北京は、選挙制度改革を二〇一五年に可決することに失敗した。法案を可決するには三分の二以上の賛成が必要だった。そして、これはほとんどコメディのような呆れた話なのだが、親北京派の立法会議員三一人が、一人の同僚議員の到着を待つために議場を離れている間に、投票の機会を逃したのである。

遅刻した八十歳の同僚議員である「劉皇發おじさん」は、悪名高い宗族であり、様々な犯罪行為に関与してきた三合会のリーダーであるとされている。二〇一一年には、生涯で唯一挑戦した選挙で、区議会議員に落選したが、行政長官の手によって議員に任命され、即座に忠誠心ある親北京派議員[22]に担ぎ上げられて議長に選出された。「發おじさんを待ってます」は当時すぐに人気のスローガンになった。

植民地時代の最末期を振り返ってみるとき、多くの人が思い出すのは、自分たちに欠けていた自由のことではなく、自分たちが享受していた自由のことだ。その自由は、都市を運営し統治する者たちによって、理解され尊重されていた。民主主義、普通選挙、代議政治、表現の自由が、何を意味しているのかは当時は明らかだった。二〇〇〇年代前半に育った僕は、この雰囲気を直感的に知っていた。僕たちが夢見ていたのは、貿易を通じて自由な世界に溶け込みながら、国際社会の一員として責任を負い、尊重される新しい中国だった。

「一国二制度」が続いた二〇年間で、北京には、二つの制度を受け入れる能力などないことが判明した。鄧小平が最初にこの概念を提唱したチベットと同じように、香港でもその真の意味が明らかにされた。一党独裁国家には、多元的な政治を受け入れることはできないし、開かれた多元的な社会を受け入れることもできないのだ。法律の上では、表現の自由が守られているが、実際にはそれは激しく侵食されている。自由に生きたいと口にすることにさえ恐怖を感じる中で、僕たちはどうやって気持ちを正直に表現することができるというのだろう?

香港の物語は悲劇である。中国にとっての香港は、国家の栄光を復興するための長い物語の新しい一章に過ぎないのだろう。しかし、香港人にとっての香港は、かけがえのない場所であり、「家」であり、仲間たちであり、生き方なのだ。自由があればこそ、僕たちは、自分があるがままの姿で生きることに尊厳を見出すことができる。北京の望むがままの姿で生きることに尊厳はない。

初めての六四追悼集会

僕が初めて平和的抵抗活動をしたのは二〇一四年ではなく、その三年前、毎年恒例の天安門事件追悼集会に参加したときだった。六月四日に起きた悲劇が、なぜ自由な中国人にとってこれほどまでに象徴的な出来事となったのかを理解するためには、そもそもなぜ人々が天安門広場に集まったのかを知っておく必要がある。

一九八九年、中国は巨大な抗議運動で揺れていた。学生を中心とする人々は、今こそ政治改革の時が来たと感じていた。彼らは中国共産党に反対していたわけではなく、中国共産党が国とともに進化し、統制を緩め、もっと人々の声を代表する統治形態へと移行するべきだと信じていたのである。自由な社会への平和的な変革を、彼らは大胆にも望んだ。中国全土の都市で大規模な平和的抗議行動が発生したが、その中心は当然ながら首都の北京であった。

一九八九年六月四日、人民解放軍は、人民を捨てて党を守ると誓いを立て、天安門広場の平和的抗議者に向けて発砲した。花を手にした北京の大学生たちに、戦車が襲いかかった。ただ変化を求め、より良い政治体制を夢見たというだけの理由で、何千もの人々が死んだ。民主化、汚職の撤廃、開かれた政治を求める声を、銃弾が撃ち抜いた。その映像は世界中に配信された。[23]

香港が、天安門事件から受けた衝撃は、計り知れないほどだった。人々はニュースに釘付けになり、都市が機能を停止した。路上で泣き出す人々もいた。

僕が初めて一九八九年の抗議について知ったのは、中学生の時だ。実のところ、これはだいぶ遅い。僕の友人のほとんどは、すでに家族からそのことを聞かされていた。自由を愛する家庭で育った者にとって、それは中国の政権の本性を知る重要な教訓であり、なぜ中国共産党を信頼できないかを示す重要な事例であった。しかし、僕の家庭は政治には無関心だったし、僕の学んだ学校を運営していたのは親北京派の団体だった。家では、政治や現代中国史について話すことはなく、学校でも一九八九年の真実は隠されていた。僕がこの出来事について学んだのは、後に一緒に追悼集会に参加することになる友人からだった。好奇心を刺激され、僕はいろいろと調べてみた。

事件を目撃したジャーナリストの証言と、それに続く解説から、僕は恐怖を感じた。反体制派の切実な要求に、親近感と感動を覚え、それが弾圧の悲惨さをより一層際立たせた。

中国の勇敢な市民が、自分たちの国や生活のあり方について意見したいと政府に抗議しているビデオを初めて見たときのことは、これから先も忘れないだろう。共産党はいつも「人民」について話していたが、まさにその人民がそこにいたのだ。彼らは自国の憲法のもとで、自分たちにふさわしい自由を要求していた。中国人の目に、あれほどまでに希望と理想が宿っているのを僕はかつて見たことがなかった。しかし、善良で正しくあったすべてのものが、銃弾と戦車によって残酷に打ち砕かれた顛末を見て、僕は深い衝撃を受けた。これまでの多くの人たちと同じように、僕は裏切られたと強く感じた。もし学校が真実を隠していなかったら、もし香港で享受していた自由をもっと早い時期に理解していたのなら、おそらく裏切りをあれほどまで痛切には感じなかっただろう。

六月四日のことを学んで、僕は香港にいることがどれだけ幸運なことであったのか気付かされた。僕はずっとそれを当たり前のことだと思っていて、その有り難さに気付いていなかった。権力が責任を追及されることなく野放しにされると、どういうことになるのか僕は見た。人民のための政府を人民が持つというのは理想のままかもしれないが、最低でも、人民の声に耳を傾けざるを得ない政府を持たなくてはならない。

一九八九年の天安門事件を追悼する集会は、一九八九年以降、香港で毎年行われている世界最大の追悼イベントの一つだった。初めて参加したとき、僕は一七歳だった。他の多くの香港人と同様、この追悼集会への参加は、僕にとって通過儀礼となった。それは僕が真実を知り、その意味を理解できる年齢に達したということを意味していた。そしてそれは何よりも、自分より前の世代の苦痛や打ち砕かれた希望に思いを馳せるという成熟へ向かう始まりでもあった。この追悼集会は、亡くなった人たちの名誉のためだけでなく、記憶するためにも重要であった。記憶するというのは大切なことだ。香港が自由だったのは、記憶することができたから、そしてそれによって知ることができたからだ。中国では、人と記憶は沈黙を強いられ、真実は書き換えられる。

その日、僕はランタオ島の東涌（とうちょう）で友人と待ち合わせた。僕たちは二人ともそこに住んでいた。そこから地下鉄で、毎年集会の開催場所となっているビクトリア・パークの最寄り駅、香港島の銅鑼湾（どらわん）（コーズウェイベイ）へと向かった。所要時間は一時間。銅鑼湾に向かう電車は、すべて満員で、誰もが黒い服を着ていた。この黒い喪服の海は、バスや道路を埋め尽くしながら都市を横断し、集合場所へと向かっていった。黒い服の群れが川のように流れていく様は、すでにそれ自体が抗議行動であるかのように思えた。

まだ駅の構内にいるうちから、街頭で抗議者たちに呼びかける拡声器の声が聞こえた。グレート・ジョージ・ストリートの公園方面には、道沿いに民主化団体や政党のブースが並んでいた。多くの尊敬を集めている著名人が、道行く人々に支持を訴えていた。僕の手はすぐにチラシや小冊子でいっぱいになった。そのなかには、直接的な体験談や目撃証言によって天安門事件を詳しく説明している資料もあれば、香港の民主化を推進するための政治的マニフェストもあった。僕は手渡された資料を読んで、香港から学生代表が、一九八九年の天安門広場に行っていたということを知った。戦車が入ってきたときに、仲間の抗議者や北京の一般市民が、人間の盾となって、彼の命を救っていたということを知った。彼らが勇敢にも命を賭ける覚悟をしたのは、中国政府が真実を隠すであろうことを知っていたから、つまり、香港の学生が真実と共に香港に生きて戻り、そこから真実が世界に伝わることを願ったからだったということを知った。僕はこれを読んで泣いた。その日、僕はもらったすべての資料の、すべての言葉を読み、すべての物語に、心で泣いた。その日僕は、連帯感の本当の意味と、自由な精神を持つ香港人であるということの本当の意味を知った。それが僕にとって、政治と、政治アクティビズムの力を最初に感じた体験だった。

ビクトリア・パークに着いた僕たちは、サッカー場へと案内された。そこには、すでに数万の人々が集まっており、その数はどんどん増えていった。ボランティアの案内係が、列に並ばせ秩序を保ち、各エリアが完全に埋まるように人々を誘導していた。僕たちも誘導に従い、やがて小さなスペースに腰を下ろすことができた。友人は、僕たちにはキャンドルが必要だと言って、人混みの中にそれを探しに走って消えた。すぐに彼は二つ持って戻ってきた。やがて時間が来て、僕たちはキャンドルに火を灯し、追悼セレモニーが始まるまでしばらくの間、黙祷を捧げた。その夜、僕たちは、中国では記憶されないことを記憶した――傷、悲しみ、怒りの記憶。中国共産党の忠誠者たちが否定する記憶、そして若い世代が少しずつ忘れていく記憶。

セレモニーでは、歌が歌われ、献花が参加者の間を通り抜けていった。ビデオを見て、あるいは生存者の話を聞いて、多くの人が涙を流した。より善い自由な中国を信じたがために、多くのものを犠牲にしなければならなかった人たちの心の傷を感じた。亡くなった人たちのことを記憶し、そして、生き残りはしたけれども亡命者としてしか語ることのできなくなった人たちのこともまた記憶した。

「反体制派を釈放せよ！　一九八九年の民主化運動の名誉を回復せよ！　六月四日の大虐殺の説明責任を果たせ！　一党独裁を終わらせよ！　中国を民主化せよ！」

これがコールだった。僕にはスローガンを超えたものに感じられた。その言葉には詩的に響く正義感があった。

一九八九年のあの日、世界が見ている中で、あれほど残忍なやり方で抗議活動が鎮圧されると誰が想像しただろうか？　子供や孫たちから、真実が、これほどまで完全に隠蔽されると誰が考えただろうか？そして、あの日の希望に満ちた群集の中に、当時は大陸の多くの人にとって開放と自由の象徴であった香港が、のちに同じ支配者の下で弾圧される運命にあると考えた者が、果たしていただろうか？

僕が「家」と呼んでいた都市には、今、暗い影が差している。もはや「越えてはいけない一線」がどこにあるのか、誰にも分からない。北京だけに責任を負う行政長官が指名した裁判官によって、陪審員なしで裁判が行われる可能性がある。「闇監獄」と呼ばれる非公式の監獄システムによって、裁判なしに拘束されたまま生涯監禁される可能性もある。リスクは、かつてないほど高まっている。

異議を唱える自由

言論の自由がなければ、僕たちは、自分たちを真実へと導いてくれる話を共有することができない。自由にアイデアを交換できなければ、僕たちの想像する世界は、一人ぼっちで想像する世界に閉じ込められてしまう。そしてもっと現実的な問題として、自由にモノを言えなければ、同じ考えを持つ人々と繋がり、ポジティブな変化を起こすために共に立ち上がることが困難になる。政府が情報へのアクセスを統制することで、人々が頭の中で理解することに命令を下し、見解（ナラティブ）を定義できるようになれば、僕たちは自由以上のものを失う。そのとき僕たちは、世界をありのままに見ることができなくなる。そして人間性を失っていくことになる。

独裁者だけが人民を恐れる。不当な権力だけが批判を恐れる。脆くて不安定な政権だけが変化を恐れる。「一党独裁を終わらせよ！」と声を上げたとき、僕は自己の内なる力を感じた。「世界を変えることができる。その変化を後押しすることが自分にはできる」と、想像を広げ、希望を膨らませる力を感じた。僕たちの誰もがその力を持っている。すべての人が、自分の生きたいと願う世界を形作る力を持っている。自分が本当に考えていること、本当に感じていること、本当に信じていることを、もし誠実に語ることができれば、そのこと自体が世界を変える力となる。権威主義政権が最も恐れ、抑圧しなければならないと感じているのは、まさにこの力なのだ。

もし香港の人々が中国本土の人々と同じようだったら――もし情報へのアクセスが制限され、当局の公式見解だけを無批判に受け入れることを政府に強要されていたなら――記憶を伝えることはできなかっただろう。中国の多くの人々と同じように、僕らは、もはや自由を思い描けなくなっていたことだろう。弾圧の記憶が拭い去られて消えるわけではなく、記憶を持つ人たちが沈黙を強いられるのだ。巨大な不正義による痛みは、対処されるどころか、存在を認められることもなく、蓋をされ押し殺される。それは北京が主張するような「調和」した社会ではなく、口にできることが制限されているために、人々が自分の考えを抑圧せざるを得ない、根本的に不安定な社会を意味する。ある人は真実を知らないために、別の人は知っていることを話し合う自由がないために、人々は互いを理解することなく生きていくことになる。本当の意味での共感や思いやりを欠いた社会で生きていくことになる。

僕らは単なるエコノミック・アニマルではない。社会というのは、単なる経済を遥かに超えたものだ。自由な場所というのは避難先となるゆえ、一九八九年以降、中国から逃れた多くの活動家や反体制派が香港にやって来た。中国にいれば命の危険にさらされるような、密かに撮影されたビデオ映像を持った記者たちも香港にやって来た。香港では、そうした映像を自由に放送することができた。

しかしながら香港は、権威主義的権力によって、いかにして自由な社会が蝕まれるのかを示す教訓の地でもある。それは必ずしも戦車でやって来るとは限らない。クーデターによって一夜にして崩壊するとは限らない。多くの場合それは、百万回の微調整としてやって来る。その一つひとつは、ほんのわずかな変化に過ぎないため、異議を唱える必要などないかのように見えることだろう。政治的権威に対して異議を唱える余地などなく、無謬性（むびゅうせい）が備わっているかのように少しずつ思わせることによって、それはやって来る。反対者を悪魔化し、反対意見を非合法化することによって、やって来る。政府が公式見解を改めていくことをやめ、現実を定義するようになったときに、やって来る。権威主義者が標的にするのは、学校、メディア、インターネットなどの、学習の場や情報の源だ。自由な報道機関は、一つの命令によってではなく、ゆっくりと蝕まれていく。法の支配は、弁護士が反逆者として絞首刑になるときではなく、法に対する僕たちの理解が変わってしまったときに終わる。すべては、あなたが見逃してしまうほどの微妙な変化だ。だがある日、あなたは声を上げることを恐れている自分に気付くだろう。

自由は、「越えてはいけない一線」を不当に引かれることによって失われる。そして、その「一線」

がどこに引かれているのかが分からないとき、自由はさらに失われる。中国は、「国家安全」への脅威とは何であるかという定義を、意図的に曖昧にしている。その結果、人々はどんな発言や行動が自分たちには許されているのか分からなくなり、意図せずして一線を越えてしまうかもしれないと常に怯えながら生活している。その罰は厳しく、また本人に対する罰だけに限定されない。家族や愛する人への愛情が、人々を黙らせるために利用されている。政権が期待しているのは、時が経って、社会そのものが変質することだ。そのとき恐怖は、社会に深く埋め込まれ、もはや人々はそれに疑問を持たなくなるだろう。自由に生きるとはどういうことなのかを忘却したとき、自由は失われる。

報道する自由

言論の自由は、基本的人権として認められている。中国が署名しているだけでなく、儒教の要素を取り入れて起草に協力した国連の世界人権宣言の第一九条には、次のように記されている。

すべて人は、自由に意見し表現する権利を持つ。この権利には、干渉されることなく自分の意見を持つ自由が含まれる。また、情報と思想を、国境を越え、あらゆるメディアを通じて、探し求め、受け取り、伝達する自由が含まれる。

言論の自由は、自由な報道のうちに反映されると同時に、ある程度それに依存している。自由な報道は、開かれた批判を可能にするだけでなく、世論に訴えることで権力に責任を負わせることを可能にする。もっとも、すべての報道機関が対等であるわけはないし、同じ基準で報道しているわけでもない。僕たちは、それぞれの報道機関が持っている嗜好の違いだけでなく、バイアスを最小限にする努力をしているかどうか、また、その報道機関に隠された意図（アジェンダ）がないかどうかを考慮しなければならない。誰が所有しているか、あるいは誰が資金を提供しているか、そしてそれによって彼らは何を得ているのか考えなくてはいけない。おそらく、さらに重要なことは、誰がその論調や編集方針を決めているのかを見抜くことだろう。

　最高水準のニュース報道のいくつかは、独立性のある国営放送局によって行われている。イギリス放送協会（ＢＢＣ）、アメリカ公共放送サービス（ＰＢＳ）、オーストラリア放送協会（ＡＢＣ）、カナダ放送協会（ＣＢＣ）は、世界的にふさわしい敬意を払われている。香港には、ＢＢＣを手本としてイギリスが設立した香港電台（ＲＴＨＫ）がある。公的資金を受けているものの、いずれの放送局も編集面では独立しており、正確で客観的な報道をするというジャーナリズムの原則的な使命のもとで、高い誠実さを持って運営されている。商業放送局とは異なり、市場の需要からある程度の距離を取れるため、客観性や公益性を、センセーショナリズムから守ることができる（ここで公益性 public interest とは、単に大衆（パブリック）が興味（インタレスト）をそそられる話題のことではなく、公共の利益となるニュースを意味している）

独立性のある国営放送局を、統制下にある国営放送局や新聞社と混同してはならない。後者の運営には独立性がなく、国家の公式見解（ナラティブ）をもっぱら宣伝する目的で利用されている。ロシア・トゥデイ（RT）や中国国際テレビ（CGTN）のような放送局、チャイナ・デイリーや環球時報のような国家統制下の新聞は、どれも政治的道具である。彼らは真実に対しては責任を負わずに、政権の政治路線に対して責任を負う。彼らは真実を調査するのではなく、ある政治路線を宣伝する。このような類のメディアと関わるときは、異なる視点からの意見を提示されているのではなく、大きく現実から乖離した政治的物語（ナラティブ）を提示されているのだということを忘れてはならない。

　商業メディア企業は、党派的に偏った報道をして注目を集めることがしばしばある。アメリカでは、FOXニュースやMSNBCが、彼らとは政治的傾向を共有しない人々によって激しく批判されている。アメリカ人が批判的であるのは良いことだが、しかしそうしたメディアが、自由がない社会で暮らす人々には手に入らない贅沢品であるということは忘れないでほしい。営利企業であっても、やはり真実に即した報道をする義務があり、そうしない場合は批判にさらされることになる。商業的動機のために、センセーショナルになったり、誤解を招くようなことをする可能性はあるかもしれない。だが、彼らは真っ赤な嘘を付くことはできないし、レポーターは報道における良識的な慣行に縛られている。彼らは、CGTNとは違い、自白の強要に加担して、その手配と放送を行ったりはしないだろう。[24]また、CGTNがやっているように、誤解を招く情報の提示から、積極的な偽情報キャンペーンまで、一線を越えて行うこともないだろう。[25]

　香港における報道の自由は、誇りある歴史を持ち、社会において重要視されてきたにもかかわらず侵食されている。自由な報道は「西側的」であり、国家統制下にあるメディアの「中国的」視点と対立するものであると見なす政治的見解（ナラティブ）のために、メディアと社会の関係が変化し、社会の内部からその侵食が生じている。だがそこには、中国による直接的な干渉もあった。

香港では、二〇一九年の夏から秋にかけての民主化デモの際に、主に警察と親北京派犯罪組織によるメディアへの暴力事件が多発した。香港は二〇四七年まで中華人民共和国の特別行政区として特殊な地位を享受することになっているが、北京からの圧力により、報道の自由はすでに後退している。最近の事件では、二〇一八年一〇月にフィナンシャル・タイムズ・アジア版の編集者ビクター・マレットが追放されたことが注目される。マレットは香港外国人記者クラブの副会長として、北京の意にそぐわないイベントを開催していた。

これは、国境なき記者団の「世界報道自由度ランキング二〇二〇年版」からの抜粋である。二〇〇二年には香港は、世界報道自由度ランキングで一八位だったが、最新の報告書では八〇位にまで落ち込んでいる。世界的に権威主義が強まり報道の自由が脅かされている中で、これは驚くべき急落である。［訳注：世界報道自由度ランキング二〇二二年版では、香港はさらに一四八位まで順位を落としている］

記者たちは、香港警察や北京支持者からしばしば襲撃を受けているが、襲撃者たちが責任を追及されることはない。外国人ジャーナリストは、仕事をするだけで脅迫されてきた。ビクター・マレットの場合、違反行為とされたのは、当局の気に入らない政治家との討論会を主催したことだ。マレットは活動家ではないし、法律を破ったわけでもない。彼はただ、ジャーナリストとして様々な立場の人の話を聞いたというだけである。しかし、バンコクに二カ月滞在して帰ろうとしたとき、彼には就労ビザが下りず、入国管理官に四時間も尋問された後にようやく香港への再入国が許可された。

報道機関を取り巻く環境は、極めて敵対的なものとなっている。政府はジャーナリストを敵と見なしており、独立性のある自由な報道機関に対する世間の反感を煽り立ててきた。BBCやアルジャジーラからニューヨークタイムズまで、国際的な最高水準のジャーナリズムが、「西側」「反中国」のレッテルを貼られ、最もファクトチェックの厳しいニュースソースが、「フェイクニュース」の提供者とされている。中国国内で長い間禁止されてきたBBCは、外資系ホテルではまだ視聴することができていたのだが、二〇二一年の初めに完全に禁止された。これに続いて香港でも、BBCは公共放送から締め出された。[26] ニューヨーク・タイムズは、主要業務の多くを香港から韓国のソウルに移転した。他の主要な国際通信社も同様の移転を検討している。かつてアジアで最も自由な都市であり、報道の自由の砦であった香港は、もはや存在しない。

安全な環境で仕事することがジャーナリストに許されなくなり、自分自身や情報提供者に深刻な悪影響が及ぶことを恐れて、どんな状況においても、また、どんな人と会うのでも、常に細心の注意を払わなければいけないのであれば、権力の責任を追及することはかつてないほど危険になる。このことは、僕たち全員にとっての、権力との関係性を変えてしまう。そして、香港における民主主義の欠落と、政治的自由の欠如という問題をさらに深刻なものにする。

ジャーナリズムだけに留まらず、メディアの状況全体が変わりつつある。ローカルなメディア企業が、次第に親北京派の株主に買収されるようになった。かつて市民の声を代表していたメディアが、今では市民を改造するための手段の一つとなっている。独立性のあるジャーナリズムは政治勢力に狙われるだけでなく、ますます周辺的な存在に追いやられている。香港で最も評価の高い報道機関の一つであった有線新聞は、抗議運動の報道後に買収され、新しい経営陣と新しい編集方針で完全に再編成された。[27]

コスト削減をする経済的に正当な理由がないにもかかわらず、香港で最も経験豊かで評判の高いプロデューサー、コメンテーター、リポーターの多くが解雇された。彼らの後任者となるのは、政府方針の支持者か、もしくは、キャリアが浅すぎて政府方針から外れるリスクを取れない者か、そのどちらかである。同様に、ジャーナリストからの叩き上げの上級管理職が、ＲＴＨＫのパトリック・リー（李百全）のような、政制及内地事務局や保安局を出身とする官僚に取って代わられつつある。香港の公共放送である香港電台（ＲＴＨＫ）にも同様の改革が行われた。[28]

元朗(げんろう)襲撃事件。これは、親北京派の有力議員に扇動された宗族村の白シャツ姿の暴徒集団が、棒で武装し、電車で帰宅中の乗客を襲撃した事件である。駅に侵入した暴徒たちは、多くの通勤客や妊娠中の女性など、捕らえた者を、誰彼かまわず残忍に攻撃した。あるジャーナリストは、撮影を始めると、彼女自身が暴徒に攻撃されることになった。その映像は世界的に注目された(このジャーナリスト、グウィネス・ホー（何桂藍）は後に、立法会議員への立候補資格を剥奪され、国安法によって逮捕されている)。[29]

警察には助けを必死に求める通報が殺到した。だが、抗議デモには迅速に対応し、しばしば暴力まで振るってきた警察が、このときは遅々として現場に向かおうとしなかった。結局、警察は攻撃を止めるために何もせず、現場で誰一人として逮捕しなかった。

ＲＴＨＫのドキュメンタリー・プロデューサー、バオ・チョイ（蔡玉玲）と彼女のチームは、公開されている情報を元に、その日何が起こったのかを丹念に繋ぎ合わせていった。それは非難を浴びせるためではなく、事実を明らかにするためだったが、警察に対して重大な疑問を投げかける事になった。暴徒たちは近隣の宗族村の出身で、三合会と呼ばれる組織的犯罪集団と深い繋がりがあることが判明した。三合会は、植民地時代から、香港における共産党の統一戦線工作において重要な役割を担ってきた。彼らは実行部隊として使われ、親北京派団体と密接に結びついていた。

三合会は警察の監視対象となっており、元朗には三合会の活動を取り締まる専門部署もあった。当然のことながら、警察は事件の日に、裏で三合会と手を組んでいたのだという噂が瞬く間に広まった。その悪夢のシナリオは、二〇一五年に公開された映画『十年』において地元の若手映画監督が描いていたものであり、北京がこの古い関係を復活させているという世間に広まっていた懸念を直接的に刺激するものだった。

バオは、事件の日の時系列を解明したことによって、社会に貢献したはずである。だが、車のナンバープレート登録から得られる公開情報を不適切に使用したとして、逮捕され起訴された。彼女がしたことは調査報道においてはごく普通に行われていることであり、通常の状況であれば、逮捕などされなかっただろう。政府のメッセージは明快である。ジャーナリズムは政府に奉仕し、不都合な質問をしてはならない、ということだ。

そして二〇二一年六月、香港における最後の民主派主要紙であったアップルデイリーが廃刊になった。創業者のジミー・ライ（黎智英）と編集局長のライアン・ロー（羅偉光）を含む八人の幹部が、国家安全維持法に基づいて逮捕された。数カ月の間に二度も事務所が強制捜査され、いずれも世間を騒然とさせた。二度目には五〇〇人の警察官が動員された。銀行口座が凍結され、株主総会を開いて今後の方針を決めるという試みも妨害された。支払いを行えなくなったため、すでに誰も香港に居住していない残りの取締役会のメンバーたちは、廃刊を決定せざるを得なくなった。

僕たちは、このような劇的な事例を通して、自由が侵食されるのを目にする。しかし、自由を失ったと感じるのは、むしろ累積的効果においてである。僕たちは、独裁者や権威主義政権が、場違いな残忍さを持っていると思い込む傾向にあるが、多くの場合はそうではない。ハンガリーのオルバーンからロシアのプーチン、トルコのエルドアンに至るまでの指導者たちは、自由な制度や市民社会を、少しずつ着実に、一つひとつ解体してきた。彼らは革命を目論むのではなく、抑圧を受け入れるように社会を導いていく。僕たちが自由を失うのは、自由を心から信じられなくなったとき、自由であることがもはや自分たちにとって重要でなくなったときだ。彼らが目指すのは、人々を抑圧することではなく、人々をして自らが抑圧されていると意識できなくさせることである。

独裁者たちは、自らの権力が、権威主義的な性格を持つことを公には認めない。それは道徳的正当性を欠くからだ。それゆえ彼らは、普遍的価値と結びついている言葉を、捻じ曲げて使う。こうして、香港最大の親北京・反民主主義政党が、「民主」建港協進連盟を名乗る。「国家安全維持法」が、市民を恐怖に陥れるために使われる。「法の支配を回復する」ために必要だといって押し付けられた新しい「理解」によって、法の支配が蝕まれる。国家の統制するプロパガンダが、自由で独立したニュースと同等に売り込まれ、「物語のもう一つの側面」として提示される――ロシアが国家統制する放送局ロシア・トゥデイのスローガンは「もっと疑え」である。

香港では今後も、ニュース番組が流れ、ジャーナリストによる報告が行われることだろう。そこには批評も存在することだろう。しかしその批評というのは、批判することを許された空間の中だけに存在するに過ぎない。そして何が許されるかという境界線は、北京が好きなように移動させることができる。国際的な報道機関もまた、中国の他の地域ですでに行っているのと同様に、取材を続けることと真実を犠牲にすることとの間でバランスを取らねばならなくなるだろう。実際のところ、香港には第四府としての言論界はすでに存在しない。

一九八二年以来、中国の憲法は、言論の自由を掲げている。第三五条にはこうある。「中華人民共和国の公民は、言論、出版、集会、結社、行進、および示威行動の自由を有する」。しかし現実には、言論の自由は、他のすべての自由と同様に、常に条件付きで理解されてきた。言論の自由はたしかに人権であるとはいえ、中国共産党の考えでは、人権は、人民が生まれながらに持つものではない。むしろ、こうした「権利」もまた、党のためにあるのである。そのため、表現の自由という権利は、政権の二つの主要な関心事と天秤にかけられる。一つは、経済発展の安定性と条件を確保することであり、もう一つは、中国の国民から見た共産党の正当性を維持することである。こうして言論の自由は、北京の定義では次のようになる。「我々が望んでいる事であれば、あなたは何を言ってもよい」

自由のない生活

友人の多くが、もはやソーシャルメディアを使っていない。僕たちの世代は、ソーシャルメディアとともに育った。何が起きているのかを知るため、ニュースを見たり、仲間たちと繋がるために、日常的にソーシャルメディアを使ってきた。ソーシャルメディアから離れるという決断を、気軽にできる世代ではない。その決断は、多くの人にとって強制感のあるものだった。

フェイスブックのコメント欄で、人気アカウントが辞めてしまったことを嘆いている人をよく見かけた。国安法の施行に伴い、フェイスブック上の僕の友達の数は激減した。友達の数が、政治情勢によって大きく変動するのだ。もしそれが、僕の政治的意見に賛同してもらえなくなったからという理由ならば、残念ではあっても、理解のできることだ。イギリスのEU離脱やアメリカの党派対立で友情がこじれることがあるのは知っている。しかし、悲しいことに、僕の友人たちはそれとは違う状況にある。僕との友情を公に認められなくなった人たちの多くは、僕のことを人として、あるいは友人として、なんら悪く思っていないということを僕は知っている。彼らは国家に狙われることを恐れるがゆえに、僕とはもう繋がることができないのだ。

何が犯罪の構成要件であるのか不明瞭になり、そして、政治権力から独立した立場で僕たちの権利を守り、権力の責任を追及できる者が誰もいなくなったとき、身を守る唯一の方法は沈黙することだ。そのとき僕たちは、自分の行動や発言だけでなく、誰と繋がり合うかということさえも自己検閲してしまう。人間関係は脆いものになる。

僕にとってだけでなく、他の多くの反体制派や活動家にとっても、自分の持つ人間関係の多くが、人として互いに認め合う価値によってではなく、政治的迫害への恐怖によって決定されてしまうという現実は、頭が痛くなるだけでなく心が痛むものだ。それは拷問にも似た不安感を生み出す。友人や同僚に裏切られるのではないかと疑うのは、あまりにもたやすいことだ。他者と繋がり合うことに価値を見出すのではなく、リスクを見出してしまうようになる。人々が互いに信頼することをやめたとき、人と人との関わり合い方が変わってしまう。社会を織りなす生活の結び目が解けて、関係性を築く能力を僕たちは失うことになる。

イギリスに亡命中のある香港人の友人は、彼の名付け親や、かつて彼が親しみを込めておじさんと呼んでいた人たちが、今では彼のことを遠ざけようとしていると語っている。香港で生まれ育ち、僕と同じように香港に身を捧げてきたにもかかわらず、故郷の都市との結び付きを、かつて親しかった人たちに認めてもらえなくなった。故郷を離れなければならなかった苦しみは否定され、代わりにイギリスへの移住が「家に帰った」と言われる。というのも、その友人は、人種的には完全な中国人ではなく、混血だからである。そのため、何世代にもわたって香港に住み、香港に帰属意識を持つ家族の出身であるにもかかわらず、彼は香港に属していないものと見なされてしまう――なぜなら、香港は市民のものではなく、北京のものであり、北京が「愛国者」と認定する人々のものであるから。

アイデンティティも帰属意識も、自己表現から始まる。中国の文筆家で知識人である劉暁波は次のように書いている。

> 表現の自由は、人権の基礎であり、人間性の源であり、真実の母である。
>
> 私には敵も憎しみもない。私を監視し、逮捕し、尋問した警察官も、私を起訴した検察官も、私を裁いた裁判官も、誰一人として私の敵ではない。
>
> 憎しみは、あなたの知性と良心を腐敗させる。敵愾心は、国民の精神を毒し、残酷な死闘を煽り、社会の寛容性と人間性を破壊し、自由と民主主義に向かう国家の歩みを妨害する。

この言葉は僕にとって、心に響くものであり、抑圧の仕組みについての深い理解を反映しているものに思えた。愛ではなく、想像上の他者への憎しみが、自由のない社会を縛り付けているのだ。

自由のない生活というのは、たとえば、公園で素晴らしい芝生を見て感心し、市民のために美しい場所を作ってくれた政府に感謝してみたものの、そこに市民が立ち入ることは決して許されない、というようなものだ。そのすべてが見世物に過ぎないのだ。

香港では、市民が抗議活動を行うための空間として、立法会総合ビルの傍に政府が公民広場（シビック・スクエア）を作った。その公民広場に立ち入ったという理由で、警察は二〇一四年に活動家や学生を逮捕した。これがきっかけとなり雨傘運動が起こり、平和的占拠が都市のあちこちで行われることになった。

あの日、公民広場での抗議活動を率いた学生リーダーたちは、現在、全員が投獄されているか、もしくは亡命している。二〇一九年の抗議活動に参加したことで投獄されたジョシュア・ウォン（黄之鋒）は、現在、国家安全維持法に基づいて転覆罪で起訴されている。北京から「主要なトラブルメーカー」と見なされているため、彼は監獄で歳を取っていくことになるだろう。法学者のベニー・タイ（戴耀廷）、元学生活動家のレスター・シャム（岑敖暉）、元立法会議員で環境活動家のエディ・チュー・ホイディック（朱凱廸）など、他の数十人の政治運動家も同罪に問われている。被害者のリストはさらに長いものになるだろう。

僕は二〇二〇年六月に香港を去った。それから間もなく、中国国営メディアに僕の名前が載り、僕は指名手配中の「外国勢力と共謀した」分離主義者であると書き立てられた。僕は、香港の人々には自分たちの未来を決める権利があると言っただけで、分離主義者ではないし、北京には条約上の義務があると主張しただけで、外国勢力と共謀したわけではない。真実を捻じ曲げるためにメディアをコントロールすることが、どれだけ大変なことであるかについては、中国共産党もよく知っているはずだ（二〇一三年までに、国民の言論を監視するために二〇〇万人以上の「世論分析師」が北京に雇われたと報じられている）。報道の自由があれば、人々はもう一度自分の声を見つけ出せるかもしれない。

現在、公民広場にはバリケードが張り巡らされ、武装警察によるパトロールが常に行われており、まるで要塞のようだ。これは、香港の自由に何が起こったのかを示すメタファーである。平和的抗議活動のための空間として設計されたこの広場は、現在では一般市民の立ち入りが厳しく制限されている。

公民広場と二〇一九年の抗議活動の運命が、僕の知っている香港の没落を象徴しているとすれば、ジョシュアと僕が歩んできた旅の道程は、この独裁時代において残された唯一つの選択を象徴していると言ってよいだろう——僕たちは、自分たちの信念、自分たちの真実のために毅然として立ち上がるのか、それとも、隷属を受け入れるのか？　かつては香港でもそうだったが、自由社会においては、自分たちの未来を決めるのは自分たち自身なのだと、大胆に夢を見ることができる。その夢こそが、かつてジョシュアと僕を結びつけた。そしてその夢は、自由な人生を大胆に想像する全ての人類が共有するものでもある。だからこそ僕たちは、この状況の全体像に目を向けて、自由を守るために力を合わせて闘わなければならない。たとえどんなに不完全でも、それがまだ僕たちに希望を与えてくれるのならば。

表現の自由は、他の権利と自由にとっての拠り所となる自由の核心である。社会にさまざまな視点が存在するのは当然のことであり、それらを表現する自由がなければならない。このことが意味するのは、個人の自由を尊重し保護するのと同じように、第四府たる言論界を尊重し保護しなければならないということだ。僕たちはそれを当たり前だと考えてはいけないし、それを守るための闘いにおいて無批判な自己満足に陥ってもいけない。

ニューヨークタイムズやロイターのような定評ある大企業であれ、香港の立場新聞のような小規模な新興企業であれ、最高水準のジャーナリズム規範を持つ批判的で独立性のあるメディアを支援する必要がある［訳注：立場新聞は本書が書かれた後、二〇二一年十二月に、香港当局の弾圧により幹部ら七人が逮捕され、廃刊に追い込まれている］。僕たちは、権威主義政権が宣伝する、検証もされず説明責任も負わない国家統制を受けたニュースがもたらす脅威を認識しなければならない。また、「もう一つの視点」として提示されるプロパガンダ報道にも注意しなければならない。

言葉が不誠実に使われることを許してはならない。人権や普通選挙などの概念が、権威主義によって再定義されたり、北京が好んで口にするような「中国の特色」を与えられたりするのを許してはならない。北京のいう「中国の特色」は、東洋的価値観に基づくものではなく、中国共産党の政治的利益に基づく「権威主義の特色」を持っている。

中国共産党が、中国や、共産主義を代表しているなどと考えてはいけない。中国は、文明としてはおそらく六〇〇〇年前から存在し、二〇〇〇年前から一つの帝国として存在していた。中華人民共和国は一九四九年に建国されると、真っ先にそうした中国を破壊したのだ。この七〇年間に中国共産党は、どんな外国の侵略者よりも、中国の文化遺産を破壊し、多くの中国人を殺し、中国人の魂を荒廃させてきた。

また、それは多くの人が想像するような共産主義でもない。すなわち、平等と労働者の権利のための普遍主義的プロジェクトではない。中華人民共和国は、最も基本的な福祉支援の多くを欠いており、世界で最も不平等な社会の一つである。労働組合は、他の市民団体と同様に国家統制下にあり、弁護士や労働権活動家は政治的に迫害されている。民族主義が奨励され、国民精神の中心となっている。中国が「共産主義」であるのは、権威主義的な統制国家であるという意味においてでしかない。

市民社会と関わり合い、自らの価値観を守るために立ち上がることのできる自由を、当たり前のものと思ってはいけない。自分たちの社会の内部における問題点にこだわるあまり、自由によって生存を脅かされると考える正真正銘の権威主義国がもたらす脅威に対して目を閉じてはいけない。批判的であるのは健全なことだが、僕たちは、党派的な分裂に陥ることは避けねばならない。それは、僕らの自由の本質を蝕もうとしている者にチャンスを与えてしまうだけだ。

最後に、僕たちがお金をどう使うか、商品を買ったり株式に投資したりすることは、表現方法の一つであり、共通の価値観への支持を示す方法になっているということを指摘しておきたい。

アップルデイリー社が強制捜査を受けた翌日、同紙は増刷を決定した。六月一八日号は通常の五倍近い五〇万部が印刷された。多くの香港市民が、支持を表明するために、街角の新聞売り場で夜通し待って新聞を買おうとしていたのだ。政府から脅しを受けていたにもかかわらず、また、アップルデイリー紙の論説や解説記事を読むだけならば国安法違反にはならないという保証さえなかったにもかかわらず、市民はアップルデイリー紙を応援したのだった。新聞を買ったところで状況は変わらないし、廃刊を防ぐことはできないと分かっていても、彼らは意思表示のために新聞を買った。新聞を買った人の多くは、政治以外のニュースにおける同紙の大衆向けスタイルを、取り分け好んでいたというわけではなかったが、しかしそれが内容以上のものを表していることを理解していた。基本的自由と、香港の価値観と生活様式を支える制度が、そのとき危機に瀕していたのだった。

市民の力を信じよう。市民同士の関わり合いを大切にしよう。互いを信頼し、自分の考えていることを伝えよう。意見の不一致は悪いことではない。大切なのは、対話を通じて、自分たちにとって何が大切であるのかを、率直に、自由に話し合えるということだ。無関心でいられる余裕など僕たちにはない。

第三章　抵抗運動と市民社会

二〇一四年三月一日は、異常なまでの暑さだった。太陽が明るく照り輝いていた。冬の寒さはすでに遠い昔のことのように感じられ、日の光が肌を温めていた。しかし、僕が本当に熱を感じていたのは、体の内側からだった。神経が高ぶっているのを感じた。その日、僕は生まれて初めて、教室の一番後ろで静かにしている少年ではなくなった。

数カ月前に、僕は嶺南（れいなん）大学学生会の主席に選ばれていた。一つの節目を越えた僕は、まさにその日、学生団体代表として初めてステージ台に上がろうとしていた。活動家（アクティビスト）としての旅の第一歩である。

嶺南大学は、香港の新界にある衛星都市、屯門（とんもん）にある公立大学だ。学生数二八〇〇人の小さな大学で、自らを香港におけるアメリカ型リベラルアーツ・カレッジと位置付け、芸術、社会科学、ビジネス、職業訓練に重点を置いていたが、大学の運営陣が極めて保守的で政府寄りであったため、優れた教育機関とはなっていなかった。小規模なキャンパスと形式張らない文化のおかげで、学生同士、そして学生と教員の間には、密接なコミュニティが形成されていた。

多忙な都市である香港の学校制度は、要求が厳しく高度に構造化されている。改革が試みられているとはいえ、今でも学習の多くは丸暗記が中心だ。中華系の家庭で教育が重視されるのは、教育それ自体のためというより、むしろ教育によって得られる地位のためである。僕が育ったような貧しい家庭にとっては、大学への進学は貧困から抜け出すためのチケットと見なされている（とはいえ前の世代ほどではないが）。国民皆年金制度がない社会において、親が子供に投資するのは、老後の面倒を見てもらうためだ。子供たちは、幼い頃からこの目標を念頭に置いて生活している。

大学へ通うことは、多くの若者にとって、家族からのプレッシャーを感じずに暮らせる最初の経験だろう。彼らはそれを求めてきたのだ。その先の人生にはまた別のプレッシャーが待ち受けているだろうが、少なくとも二年生の終わりまでは、自分らしく生きることが許される。大学には、異なるバックグラウンドから来た異なる視点を持つ人々との、新しい出会いがある。僕たちは新しい考え方に触れることで、それまでの自分の知識や考え方を疑うことを学ぶ。それまで長く格闘し続けてきた疑問に改めて立ち向かい、それを脱構築することのできる場所を見つけ出す。そして、そこからさらにまた新しい疑問に立ち向かうこともできる。

大学というのは、精神的にも社会的にも大きな成長を促してくれる場所だ。教室で教わる内容よりも、むしろ大人になる過程で味わう新しい自由に意味があるのだ。僕もまた、大学で小さな一歩を踏み出した。僕は、学部の先生全員と付き合いがあったり、たくさんの課外活動に取り組んだりするようなタイプの学生ではなかった。しかし、僕は人生で初めて、心から尊敬できる人がいると感じ、親切に辛抱強く指導してくれる人に出会えたと感じた。この数人の先生が与えてくれた自信のおかげで、僕は、心の中に長年あった疑問に立ち向かい、それを考えることができるようになった。これらの疑問は、しばしば深い感情的なところから始まっていたが、それを探究し、文脈化することを学ぶにつれ、なぜ自分がそのように感じるのか僕は理解できるようになっていった。

なぜ香港市民の声は、中国政府に尊重されないのだろうか？　なぜ香港社会に起きている変化を、嘘にまみれた間違ったものだと直感したのか？　香港の問題は経済や社会の問題に過ぎず、中国に対する無知が原因にある、という当局のメッセージが、なぜあれほどまで侮辱的に感じられたのか？　僕の知る限り誰もが同じ疑問を抱いているようだった。しかし、こうした疑問について率直に話し合い、その意味を探究する機会を持ったことのある人は、それまでほとんどいなかった。

アクティビズムの始まり

学生会に選出されたのは一年生の時だ。僕はカルチュラル・スタディーズの学位を取得するための勉強をしていた。香港では、学生政治に正式に参加するのは一年生のうちが多い。二年生になった後は、インターンシップ、卒業、就職活動など、実利的な問題の比重が大きくなっていく。多くの学生は、できる限り活動を続けていこうとするが、学生会に貢献する時間がなくなってしまう。

他の人たちと同じように、僕もこうした実利的な悩みを抱えていた。僕は、就職先の面倒をみてもらえるような家庭の出身でもなければ、学業を支援してもらえるような家庭の出身でもない。アルバイトで、時間のあるときに小さな仕事をやりながら、それで生活費をまかなっていた。それでも僕は、心の奥で、学生会のために働くのが正しいことだと信じていた。香港は、その未来を決める変曲点に差し掛かろうとしていた。

僕が学生会に立候補したのは、圧倒的多数の学生の意見を代表できると思ったからだ。僕はみんなが感じていることを理解していると信じていたし、それを明確にするためにみんなと一緒に働きたいと思っていた。それに僕は学生会が、大学内だけでなく社会全体を変える力になるであろうと信じていた。

香港の未来について、みんなが目立たないところで話し合っていた疑問は重大なものだった。香港当局は、単純に、人々が懸念を抱いていることに気付かないふりをしていた。だが、それがエリートたちの無知（と傲慢さ）のためであったにせよ、あるいは、北京の公式見解に従わざるを得ないためであったにせよ、いつまでも気付かないふりを続けるということは不可能だった。香港の根本的矛盾によるストレスの下でずっと燻り続けてきた怒りは、急速に沸点に近づきつつあった。権威主義国に組み込まれたまま、自由で開かれた都市であり続けるということは可能なのだろうか？

香港の街では、愛国的な新しい中国国民を作り出そうとする北京の試みが、人々の疎外感を増大させていた。自らの都市に対する真摯な愛と、中国共産党が定義するもう一つの香港の、どちらかを選ぶように人々に強いたことは、香港独自の排外主義運動を生み出す結果になっただけだった。共産党が定義する「中国人」と区別するために香港人アイデンティティが強化され、北京の影響力に対する反抗が激しさを増した。コミュニティの生活における北京の影響力は、地域組織、旅行団体、福祉協会などを介して強まっており、僕たちの自己定義を脅かすほど顕著なものになっていた。

この状況を耐え難いものにしていたのは、香港政府および、香港と北京の橋渡し役となるべき人々が、僕らとは何の繋がりもない疎遠な存在になっていたことだ。一九九七年以降、格差は著しく拡大していた。香港のエリートたちは、現実からますます乖離してゆき、もはや良き統治を通じて正当性を維持する必要性を感じなくなっていた。北京こそが唯一の権威の源であり、何が「真実」であるかを決定する存在であったため、エリートたちは、自分の都市で何が起こっているのかを知ることよりも、北京の意向を忖度し、北京が見ているものを見ようとすることに躍起になっていた。

一九九七年から二〇一四年の間に、香港には三人の行政長官がいた。いずれも北京が完全に支配する委員会によって選出された。民主派陣営からはアルバート・ホー（何俊仁）、アラン・リョン（梁家傑）という二人の候補者が立候補したことがある。いずれも政治的穏健派の著名な弁護士で、世論の支持はかなりあったが、当選の可能性はなかった。しかし、候補者を立て、選挙戦を展開することによって、少なくとも議論が行われ、香港社会は政治的に成熟していくことになる。もちろん、北京が民主的選挙についての約束を守ることが前提である。民主政治というのは、結局のところ、誠実さによって成り立つものなのだ。

オキュパイ・セントラル（中環占拠）という抗議のアイデアは、二〇一三年にベニー・タイ（戴耀廷）副教授が書いた「市民的不服従こそ最も強力な武器である」と題する論説に由来する。この論説で彼は、真の普通選挙を実施するという約束を北京が守らない場合には、香港におけるビジネスと金融の中心地において、市民的不服従行動を展開すること提案した。[30] 座り込み抗議の提案が目的としていたことの一つは、ローカルな香港華人の問題であったものを、香港の有力ビジネスと国際的コミュニティに対して提起することだった。彼らは、一般の香港人の懸念に冷淡であっただけでなく、情報不足でもあった。残念ながら、中国語メディアと英語メディアでは、言説のレベルに非常に顕著な差があったのだ。

セントラル占拠というアイデアは多くの人々、特に、欠陥ある現体制に幻滅した学生や若者の想像力を掻き立てた。地元当局や北京との結論の出ない対話を求めるだけではなく、具体的要求を伴う積極的関与が初めて提案されたのである。提案内容は限定的であったが、セントラル占拠の提唱者たちは、それが北京に大きな打撃を与えるであろうと信じていた。香港の政治問題を、ビジネスエリートの玄関先に持ち込めば、北京も香港当局も面子を失うことになる。香港のあるコメンテーターが指摘したように、抗議行動によって混乱が引き起こされるとしても、それは政府が大げさに恐怖を煽っているほどのことにはならず、毎年の台風による都市全体の閉鎖よりも遥かに小さいものであろう。多くの人にとって、市民的不服従と、自分たちの手で北京に圧力をかけて約束を守らせるという考えは、刺激的だった。これまでのように事前に承認されたデモ行進に参加するのとは違い、平和的方法であるとはいえセントラル占拠は、自らの権利を守るために、必要とあらば法律を破ることとは、正しく義であることを示唆したのである。

市民的不服従の種が蒔かれた後、セントラル占拠をめぐる議論は急速に盛り上がった。開かれた安全な市民社会の中で育ち、法律を尊ぶことを教えられた僕の世代の多くの人と同様、法律で定められた一線を越えるというのは、僕にとっては特に困難な考えだった。僕はまだ大学生で、政治やアクティビズムが自分の進路だとは思っていなかった。友人たちもそうだった。前科者になるのは怖かった。僕は就職できるのだろうか？　僕の家族は日々の暮らしに苦労していて、貧困から抜け出すためには僕がしっかりしなければならなかった。僕に前科がついたら、人付き合いの濃厚な地域社会での家族の立場はどうなるのだろう？　僕の家族は、隣人や友人、そして親戚からどのように見られるのだろう？　家族にとって正しいことをすることと、仲間たちと連帯することの間の葛藤に、僕の世代の多くの人が悩んだ。一つだけそこに救いがあったとすれば、それが自分だけの悩みではなかったということだ。

セントラル占拠は、一つの世代に反逆を説き勧めたのではない。しかし、市民的不服従をめぐる議論が始まったことにより、人々は、心の深くにあった懸念を新たな方法で探究するようになった。それはあらゆる年齢層の、様々な背景を持つ人々を刺激し、教師と学生、専門家と労働階級を結びつけ、自分たちがどんな社会に生きたいのかを注意深く考えるように促した。それは正義が、民主主義や公的説明責任と、どのように関係しているのかを、より深く理解するための道を開いた。それは可能性の限界を広げた。自分は臣民ではなく市民であり、法律を意志的に拒否することで、非民主的で無責任な壊れたシステムへの拒否を示すことができるのだと、多くの人々が気付き始めた。

この運動は､僕がこれまでに経験した市民社会の抗議運動の中で､最も団結力があり力強いものとなった。それは、マイノリティと労働者の権利団体、市民団体、専門家、弁護士、人権団体、教育者、知識人など、市民による言論を形成するグループから支持されていた。民主主義は、誰もが持つ願望であったかもしれない。だが、共通の価値観や願望に形を与えて行動に移せるようにするのは、市民社会を通じてである。市民による諸団体は、人々にネットワークを形成する手段を与え、また、自分たちの権利のために集結し闘うための、物的および知的な資源へのアクセスを与える。市民社会が、不正に対する人々の目を開かせるわけではない。それはむしろ、その社会がすでに目覚め、活動していることの証である。

二〇一四年八月三一日、北京は長く待ち望まれていた選挙制度改革に関する報告書を発表した。この報告書は、北京の望みどおりの発言をすると分かっている人たちとの数カ月に及ぶ協議、つまりは無意味な協議の結果であった。中国ではこれを「協議民主主義」と呼んでいるが、そんなものが民主主義とは何の関係もないことは誰でも知っている。この報告書において、北京は、普通選挙によって二〇一六年の立法会議員と二〇一七年の行政長官を決めるという約束を守ることを宣言した。香港市民に、自分たちのリーダーを選ぶ投票を任せるというのである。しかし、問題はその先だった。香港市民は、北京によって選ばれた二、三人の候補者だけにしか投票できないとされていたのだ。以前には、北京の支配する選挙委員会が行政長官を選別していたが、今度はその同じ委員会が、立候補できる人を選別するというのである。

親北京派でなければ立候補できないという選挙が、普通選挙の定義に当てはまらないことは余りにも明白だった。

授業ボイコット

報告書への反応として、香港専上学生連会（学連）の仲間たちと僕は、九月から授業ボイコットの計画を始めた。北京が提案した選挙制度の枠組みは、予想されたものでもあった。僕たちが意図したのは、香港人の圧倒的多数が感じている失望、怒り、裏切りを表明するだけでなく、提案されているセントラル占拠デモへの準備として気持ちを「沸騰」させておくことだった。

提唱者が初めから明確にしていたように、「占拠」という抗議行動は、最後の手段であると考えられていた。行動するべき時が来たとき、まだ何人かは躊躇していた。より高い理想のために法律を破ることに、多くの人が悩むのは、もっともなことだと思う。だが僕は、そうしたときにこそ勇気を出して、おのれの信じる正義を行わなければならないとも思う。

北京は、自分たちの提案が、香港市民にとって受け入れがたいものであることを間違いなく知っていた。香港市民の考えは、相次ぐ世論調査で明らかになっていたからだ。北京は、今の中国の政治状況においてはこれが提案可能な最善の案なのだと、香港市民に対して理解を求めるということもできたはずだ。だがそうする代わりに彼らは、偽の普通選挙を、まるで本物であるかのように見せかけ、それを香港市民の民主化への願いに応える最高の成果として提示することに固執した。彼らは、僕たちに理解を求めるのではなく、「香港市民の願い」に応えてくれたことへの感謝を要求した。裏切りを、解放であるかのように騙ったのである。

学連の僕たちは、幸運なことに、人生のもう少し後でやって来る責任を背負わされていなかった。だから理想の名のもとに、自由に発言し行動することができた。僕たちが民主化を求めて行動することで、市民の意識が高まり、躊躇していた人たちが目覚めて抗議に加わるきっかけになるかもしれないと期待した。

授業ボイコットのテーマは「授業をボイコットして学び続けよう」だった。学連は、五日間にわたる連続講義を企画し、学生がキャンパスを離れている間にも教育を受けられるようにした。僕たちは、政府庁舎の近くにある大きな広場、添馬公園（タマル・パーク）を集会所として予約した。このイベントは大変な労力を要するもので、多くのボランティアの協力がなければ実現できないものだった。僕たちが直面した最も困難な課題の一つは、適切で厳格なカリキュラムを考案するのに充分な資格と能力を備えたボランティア講師を充分に確保することだった。教育界と学界の献身的な支援がどうしても必要だった。

これには市民社会の活力を示す反響があった。僕たちの呼びかけに、さまざまな経歴を持つ有能な人々が応じてくれたのだ。尊敬すべき専門家、学者、教育者、研究者らが、仮設キャンパスを作り上げるために集まり、僕たちの活動を支援してくれた。教授や教師によって「学生ストライキに連帯する講師陣」というグループが結成され、授業が組織化された。公園内に三つの会場が設けられ、それぞれの会場で毎日七つのセミナーが、四日間に渡って開かれた。学校のカリキュラムに沿ったものから、新しいスキルやアイデアに関する専門的なものまで、合計で一〇〇以上の授業が行われた。講師陣グループのソーシャルメディアには、次のように記されていた。

私たちは大学教員のグループです。学生のボイコット期間中にボランティアで教えてくれる講師（教授から、指導経験のある助手に至るまで）を、さらに募集しています。集会場では多様な形式の公開授業、ワークショップ、アクティビティが行われる予定です。いま香港が直面している困難と政治的行き詰まりについて、また、社会的矛盾を解決していくうえでの民主主義と普通選挙の重要性とその限界について、学生や市民たちが学び考えていけるように力を貸していただけないでしょうか。民主化と社会改革を継続するためには、限られた自由と空間を活用して、香港の未来について集団的ブレインストーミングを行う必要があります。私たちにできることがまだ残されていないか、想像力を広げましょう。

このイベントの本質は、「授業をサボる」というネガティブなイメージを、生産的で政治的に強力なイメージへと変えることだった。僕たちのことを一週間の休暇を求める怠け者の学生だと決めつけることはできないのだと、世間に示したかったのだ。授業ボイコットは抗議の手段であると同時に、学び、向上するためのプロセスでもあった。また、教育は教室の中に閉ざされておらず、どんな場所でも行われ得るのだと示すことも重要だった。重要なのは場所ではなく、そこで何が教えられているのかということだ。

イベントは大成功を収め、授業は毎回大勢の聴衆を集めた。当局の描こうとした「無秩序で反抗的な暴徒」というイメージから、これ以上ないほどに僕たちは掛け離れていた。この抗議イベントの実際の姿を見た人々は、抗議運動に対する敬意を深めるばかりだった。抗議運動は、増え続ける一方の学生たちだけでなく、僕たちが重要な問題のために立ち上がっているのだと強く感じてくれている一般市民をも惹き付けるものだった。これこそ行動する市民社会だ。

僕は幸運にも、最も魅力的だと思ったセッションのいくつかに参加する時間を確保することができた。権威ある講師たちが、民主主義や市民的抵抗の概念について、それぞれの専門的見地から語るのを真剣に聞いた。ある講師は、市民空間と抗議の関係について語り、別の講師は、人間の心理における抵抗への衝動について説明した。また、政治体制が富の分配にどのような影響を与えるかについて論じる講師もいた。このような公共の場での対話と議論を楽しむためには、成熟した開かれた社会の存在が前提とされる。その場にいた多くの人と同じように、僕は、活気に満ちた平和で開かれた社会を、心から誇りに思った。香港の最も美しい花が、閉ざされた権威主義システムの中で咲いていた。

あれこそが僕の生きたい社会だった。香港の悲劇は、まさにあの寛容性と自由こそが、権威主義的支配に対する最大の脅威と見なされたことだ。

独裁者の敵

自由な市民は、不当な社会秩序を脅かす。自由な思想は、国家的かつ政治的なイデオロギーを脅かす。市民社会が中国共産党をひどく脅かしたため、習近平はそれを中国の敵だと宣言するに至った。あの頃の笑顔の学生たちが今では迫害を受けており､新しく育ってきた香港人の若者たちが今では「愛国教育」を強いられているのかと思うと、胸が締め付けられる思いがする。当時、僕にインスピレーションを与えてくれた講演者たちは、ある者は教職を追われ、ある者は香港を追われ、ある者はフェイスブックの投稿に「いいね」を押すことさえできない状況にある。中国共産党によれば､これこそが「正しい思想」であり、これこそが「調和した社会」なのだ。

独裁国家の辞書には、市民社会は破壊すべき最も重要な敵である、と書かれている。なぜなら市民社会は、独裁政権の持つ完全な支配への要求に、異議を突き付けるからである。それは、政府の外部に新たな権力の源泉を生み出し、人々の連帯を通じて新たな正当性の源泉を生み出す。市民社会はトップダウンではなくボトムアップであり、人々の生活体験から意味と価値を導き出す。一方、独裁国家では、独断的に価値が上から押し付けられる。

市民社会は、公的部門および私的部門と関わるべきだが、両者の枠外で活動できるということが重要だ。市民社会は､本来的に独立した存在なのだ。ＮＧＯや専門家グループのような市民社会の諸主体は、様々な問題について政府当局と協働するが、政府当局に従うものではない。彼らは、必要であれば当局に反対することができるし、反対しなければならない。彼らは、当局が正しいとか間違っているとか判断したことに従うのではなく、彼らが見つけた社会の関心事を代表することによって導かれるのだ。

独裁国家は集権化する。そうせざるを得ないからだ。政権にとって反対勢力が忌まわしい存在であるならば、すべての権力を独占せざるを得ないのである。こうした権力は常に、最終的には軍事力に依存している。二〇一九年に中国は、国家安全、警察、国内監視、武装民兵など国内の治安維持に二一六〇億米ドルを費やした。これは、人民解放軍に使う金額よりも多い。人民解放軍は中国の正式な軍隊であるが、国民や国家にではなく、中国共産党に忠誠を誓わなければならない。兵士たちは、習近平が承認した共産主義イデオロギーの学習に、最大で三分の一の時間を費やしている。とはいえ、独裁を支えているのが武力であるのに対し、権威主義が行使されるのは社会統制を通じてである。

市民社会は、その社会統制に対して異議を突き付ける存在だ。それが独裁政権の正当性に対する一般市民の視点からの異議となるのは、集権的な独裁政権よりも、市民社会のほうが適した位置にあるためだ。なぜなら市民社会の諸主体は、地域社会の「内部」から生まれたからである。そのため、正当性が市民による負託に依拠しており、統治に説明責任を負う民主主義体制においては、市民社会は奨励され肯定的に価値付けられる。実際、それは健全な社会の証であり、公共的良心の表れと見なされている。他方で、権威主義者は自分たちと矛盾するような市民の声など聞きたくないので、市民社会はしばしば、政権の権威と権力を損なう敵対的外国人による「外部」の陰謀として、政権に都合よく仕立て上げられる。

二〇一三年、中国共産党の高官たちの間で、イデオロギー検閲に関する公式文書「九号文件」が回覧された。この文書には、共産党の「話してはいけない七項目（七不講）」がまとめられていた。「普遍的価値」「報道の自由」「市民社会」「市民権」「中国共産党の歴史的過ち」「縁故的特権資産階級」「司法の独立」の七項目について、公共の場で議論することは許されないというのである。[31] 市民社会には中国共産党から独立した政治勢力を確立する能力があるのだということが、明確に示されていた。中国共産党が反対しているのは政治的行為なのだと主張する人もいるが、しかし、中国共産党の定義する政治とは、自分たちの完全な支配を脅かすあらゆる行為のことであり、そこには意図的でない行為も含まれる。中国共産党が市民社会に対して抱いている懸念というのは、一部の市民社会グループが政治的に敏感な問題に対して意見を述べることではなく、市民社会が定義上、政治的統制から独立していることなのだ。

ヒー・ウェイジュンの場合を考えてみよう。二〇〇七年、彼は中国南部の広州でＮＧＯを設立し、労働者の権利について教育し、農業労働者たちが自らの権利を守れるよう支援した。これは法律改正を目指すものではなく、ただ単に、既存の法律について理解するのを手助けするものだった。彼がこの活動を始めたのは、不正があると感じたからであり、地域社会の中で高まる緊張を和らげる必要性のためである。彼はすぐに、人々の直面している不正の多くが、制度化された問題であることに気付いた。法律で定められた権利があったにもかかわらず、職場で怪我をしても補償を受けられなかったし、出稼ぎ労働者の子供たちは教育を受けることができなかった。彼自身もまた被害者だった。二〇〇六年、二四時間以上休みなく働き続けた疲労から、彼は重機に手を挟まれた。この労働災害によって彼は三本の指を失い、自分で起業するという夢も失った。しかし、雇用主は彼に対する補償を拒み、事故の原因は彼の不注意だと主張した。彼は、労働法を勉強して裁判で闘い、勝利を収めることができた。しかし、誰もが同じような結果を得られるわけではない。制度的な問題のために苦しむ人々を何度も繰り返し目の当たりにした彼は、簡単に解決できるはずのこの問題を解決に導くための唯一の道は、変化を訴えることだと考えるようになった。

彼のNGOは、サービスの提供から、意識の啓発へと重点を移すようになった。だが二〇一四年、市民社会の諸団体に対する政府の姿勢が変わり、それまで行われていた限定的な政府援助が打ち切られた。二〇一五年、彼のNGOは非合法化された。彼は横領罪の疑いで逮捕され一二七日間収監された。彼は中国共産党が統治することに異議を唱えたわけではないし、そのような意図を持っていたわけでもない。彼が関心を持っていたのは、労働者の権利だった。しかし、北京にとって問題だったのは、彼が制度的な不正を明るみに出すことによって、議論が起こり、政権の支配が損なわれる可能性があったということだ。北京は、不正そのものをなくそうとする努力を一切行うことなく、不正を覆い隠そうとするのである。

NGOが非政府組織である理由は、政府の責任を追及できるようにするためだ。NGOの目的のすべては、社会においてシステムが設計通りに機能しないときに、その解決策を探ることにある。人間は誰一人として完璧ではないのだから、人間によって作られたすべてのシステムもまた、時には上手く機能しなくなる。重要なことは、不具合が生じたときに、それを解決することが僕たちにできるかどうかである。ここで問題となるのは、独裁政権下においては、変化を要求できるのは政権だけであることだ。政府のシステムに不具合があり完璧ではないと示唆するだけで、政治的忠誠心が欠如しており、政治的混乱を招いたということにされてしまう。

二〇一二年に習近平が政権に就いて以来、中国共産党の許容範囲の、ただでさえ狭かった市民空間がさらに制限されるようになった。時計の針を戻して、より中央集権的でイデオロギー的な体制へと逆戻りすることを決めた習近平は、市民社会を厳しく取り締まっている。かつて共産主義を育てた労働者の権利などの問題は、今日ではファシズム的やり方で、統制を強め市民空間を閉ざすことによって対処される。習近平は、中国の人民が何を見、何を聞き、何を話すかをコントロールし、共産党が承認した現実と見解しか存在し得ないテクノロジカル全体主義の開拓者となってきた。中国が冷戦時代の考え方を捨てたことはそもそも一度もないが、ドナルド・トランプがアメリカ大統領に選出され、外交問題に対するタカ派的態度の先駆けとなるよりもずっと前から、習近平はこうしたマインドセットのさらなる深みにまで中国を導いてきた。

かつて市民社会は、普遍的な、政治を超えた共通善と見なされていた。その喪失は、世界の進歩のための重要な原動力の一つを失うということである。そしてそれは、予期せぬ大災害に直面したときの最大のセーフティネットの一つを失うということでもあったのだ。

死に至る沈黙

二〇二〇年一月、香港で新型コロナウィルス感染症 COVID-19 の最初の患者が見つかった。中国との出入境を閉鎖すべきかどうか、香港では激しい議論が交わされた。市民が極度の不安を抱くのには理由があった。

COVID-19の原因ウイルスSARS-CoV-2は、二〇〇二年に中国で発生したオリジナルのSARSウイルス（SARS-CoV-1）と最も近い関係にある。二〇〇二年のSARSウイルスは、中国から香港に広がり一七五五人が感染し、二九九人が死亡した。中国の外ではこれは世界最悪の数字であり、香港は最も大きな被害を受けた都市だった。このとき、中国当局は例によって情報隠蔽を行った。香港において、中国に渡航して間もない人々の中から新型ウイルスが検出されるまで、流行の事実すら否定していた。状況を掌握して、開かれた透明性のある方法でＷＨＯや国際社会と協力し合うどころか、中国共産党は本能的に、起きたことを隠蔽することによって面子を保とうとしたのである。その反応は、武漢でCOVID-19が初めて検出された二〇一九年末から二〇二〇年初頭にかけて、再び繰り返されることになった。

二〇二〇年、有力な医師や医療専門家を含む市民社会を担う大多数の意見は、香港政府は出入境を閉鎖しウイルス保有者の流入を抑制するべき、というものであった。これに対して政府は、一月三一日に記者会見を開き、行政長官キャリー・ラム（林鄭月娥）が「差別的」と呼ぶところの措置を採らないことを強調した。そして、包摂的な相互尊重に基づく公衆衛生政策を市民に訴えたのである。[32] その当時、すでに六〇カ国以上が中国人の入国を禁止していた――これらの国々は今日、パンデミックに最も適切に対処したと賞賛されている。奇妙に感じられたのは、多くの人々の記憶の中にあるのとは対照的な、政府の言葉遣いや口調であった。

二月三日、医療従事者の労働組合がストライキを決行した。[33] これに対し、キャリー・ラムは「誰であれ『極端な手段』で政府に圧力をかける者は失敗する運命にある」と断じた。北京も厳しい反応をして、中国国営新聞「大公報」は、ストライキを「ソフト・テロリズム」と断定した。また、中国共産党の支配下にある労働組合と、統一戦線（中国共産党が指揮する非公式組織のネットワークで、他のやり方では反感を買いかねない場面で、影響力拡大のために利用される）が動員され、反対意見に対抗するために使われた。

しかし、なぜ北京と香港政府は、市民社会からの良識的な提言をこれほどまでに敵視したのだろうか？その理由の一つとして、医療労働組合が二〇一九年の抗議運動中に設立されたもので、歯に衣を着せぬ活動家たちを代表していたという背景を挙げることができるかもしれない。だが、それよりもさらに示唆的なことは、当局が、侮蔑の対象をこの労働組合だけに限定せず、政治色のない穏健な立場の医療関係者からの反対意見も含めて、すべて同じ筆で塗り潰したということであろう。

そもそも権力とは、何を為すかを決定できる能力というだけに留まらない。何が正しく、何が悪いかを定める能力も、権力の有効な行使である。僕たちは幼い頃は、親の言うことは何でも聞かねばならない。親の言うことは正しいことであり、反論の余地はない。テレビを見るのは悪いことだからもう寝なさいと言われたら、幼い頃の僕はそれを受け入れるしかなかった。僕は泣きべそをかきながら文句を言ったかもしれない。しかし、権力者が結論を決めた。母はテレビを消すだろう。ここで一つ想像してみる。もし、学識ある紳士がドアをノックして「テレビは子供たちが世界について学ぶのに役立ちますよ」と母に提言したとしたら何が起こるだろう。母のことだから、ほうきを手にして、その人を家から追い出すかもしれない。「出てって！　人の家の子育てに口出ししないで！」

こうした権力行使の裏には、自信の無さによる不安もある。口調が荒くなるのは、学識ある紳士の言うことが間違っているからではなく、むしろ間違っていないからだ。問題は、提言が役に立つかどうかではない。権威に対して異議を突き付けていることが問題なのだ。これと同じことが、医学界の真っ当な懸念に対する香港政府の反応についても言えるだろう。敵視という反応を説明するのは、提言の内容ではなく、市民社会が大胆にも声を上げたという行為そのものなのだ。

このような極度の敏感さと、敵対的態度は、中国政権の目立った特徴である。中国共産党は、中国本土でやっているように事実を書き換えることまではできないが、中国に対する批判には罵声によって応えている。それは非外交的であるという以上に、侮辱的であり、しばしば荒唐無稽に近くなる。中国によってオーストラリアは国ごと貶められているが、それはオーストラリアが向こう見ずにも、パンデミックの発生源の調査を求めたからであり、自国の重要インフラの建設を中国企業には委ねないと決めたからであった（立場が逆だったら、中国は、重要インフラを外国企業に委ねるなどということは考えもしないであろう）。オーストラリア人は非文明的なレイシスト呼ばわりされ、オーストラリアという国は「中国の靴の裏にへばりついたガム」と罵倒されることになった。中国は、自国の侵略のことは棚に上げて、オーストラリアと西側諸国全般を、国際的な行動規範に従わない侵略者だと非難している。

独裁政権にとっては、すべてが生き残りを賭けた問題である。政権交代の仕組みはなく、現状維持か革命しかない。すべてが権力の問題となる。政府の決定に対する異論は、単に苛立たしいというだけでなく、深刻な脅威なのだ。中央の権力者は、社会の他の部分よりも常に優れており、そうでなければならないとされる。このことは、医学のような専門分野にも当てはまる。政府の見解が専門家の提言と異なれば、人々は政府が何か思惑（アジェンダ）を持っているのではないかと疑い、信頼が損なわれてしまうことになる。

なぜ中国との出入境を完全に閉鎖することが不可能なのか、納得のいく理由を香港政府が提示することはなかった。公衆衛生政策の観点からすれば、多くの国がパンデミックの感染危険地域に対して国境を閉鎖したのは常識的判断である。感染危険地域が中国でなくなってからは、香港政府は素早く行動し、制限の解除には慎重だった。

香港政府の口調は不適切で、政策的な取り組みも一貫しておらず、どちらも政治的に動かされているように見えた。これは市民の信頼を損ねた。香港は、世界で最も教育水準の高い都市の一つであるにもかかわらず、ワクチン接種率が最も低い都市の一つになっているが、これは驚くようなことではない。その原因は、ワクチンに対する不信感ではなく、政府に対する不信感なのである。

中国における李文亮医師への処遇は、脆弱な市民社会が悲惨な結末をもたらすことを示す教訓である。李博士はCOVID-19に感染して三四歳の若さで亡くなった後、中国の国民的英雄に祭り上げられた。しかし、党の殉教者にされる前に、彼は警察署への出頭を命じられ、「虚偽の情報を流した」ことにより「社会秩序を著しく乱した」とされ、懲戒処分を受けていたのである。

彼の罪というのは、世界がまだCOVID-19のパンデミックについて何も知らなかった二〇一九年一二月末に、新型コロナウイルスの発生についてソーシャルメディアに投稿し警鐘を鳴らしたことだった。

医療現場の最前線で見たことをシンプルかつ正直に書いたために「内部告発者」という、彼が思いもよらなかった非難を受けることになった。彼が最初の警鐘を鳴らした際、政府は彼を黙らせようとした。彼の警告は否定され、無視された。中国はウイルスを封じ込めるチャンスを逃したが、その原因は、中国が市民を信じなかったから、もしくは、市民の声を聞く用意がなかったからである。

この過失がもたらした結果は甚大だった。市民社会がなければ、人々は声を上げることができない。公共の利益に関する有意義な議論に参加する権利も、物事が間違った方向に向かっているときにそれを指摘する権利も持つことができない。どんな社会であれ、ほころびは自然に生じるものだが、もし誰もそれに対処することができないのであれば、誠実で懸命に働く人々が苦しむことになる。あのとき政府が市民社会と協力して人々の警告を聞くことができていたならば、李博士の死は避けられたかもしれない。さらに、パンデミックの急速な広がりを抑えることができていたかもしれない。残念ながら、習近平国家主席の中国はそうではなかった。

市民社会の懐柔

中国共産党によれば、市民社会がもたらす脅威を解消するには「鎮圧」「懐柔」「無力化」の三通りの方法がある。すなわち、市民社会を破壊するか、利益を提示して取り込むか、あるいは、沈黙させ弱体化させ、その体裁を維持しつつも実質的意味を奪うかである。

専門性のある市民社会団体に関しては、政府への協力を奨励するか、場合によっては法的に強制することで、当局との依存関係が構築されてきた。中国では、社会事業を行うＮＧＯは、地域社会レベルで働くように採用され、政府支援の社会福祉援助を提供されることによって、体制に組み込まれる。ひとたび政府資金プロジェクトに依存すると、市民社会団体は、独立して行動する能力を失い、政府が過ちを犯しても異議を唱えることができなくなる。ＮＧＯは独自の価値観や倫理観を育むことができなくなる。なぜなら党の路線から外れると、即座に解任されてしまうからである。このようにして、市民社会は事実上、国家によって取り込まれ、懐柔されている。

また、市民団体の影響力は、ニセモノの代替物を作ることで無力化することもできる。一般的に香港には、二つの労働組合の流れがあると言われている。一つは、民主派に与する香港職工会連盟（職工盟）であり、もう一つは、親北京派に与する香港工会連合会（工連会）である。工連会は一九四八年に設立された。香港がまだイギリスの植民地だった時代で、香港華人労働者の多くは出稼ぎだった。当時の政治的分断は、中国で共産党と国民党という二つの権威主義体制が内戦状態にあったことを反映するもので、まだ民主主義的な意識はほとんどなかった。古くからの組織である工連会は、二五一の加盟団体と賛助団体に、四一万人の組合員を擁しており、規模が大きく、リソースも豊富である。中国共産党の衛星組織である工連会は、香港の立法府と行政府に組合員を送り込み、中国の全国人民代表大会にも出席している。それに対して、職工盟は一九九〇年に設立されたばかりである。教会が支援する労働組織を母体としており、草の根の労働運動と強い結びつきがある。集会への参加や、様々な政治団体との協力を通じて、職工盟は民主主義を指導的原則の一つとすることを公然と宣言している。六一の加盟団体、十六万人の組合員を擁しているが、二〇一六年以降は立法会議員を擁立していない。しかし、市民の間では、組合員の利益を第一に考える独立した進歩的な組合として、高い評価を受けている。

労働権や社会福祉をめぐって論争が起こるたびに、両方の組合が「労働者の代表」であることを主張する。労働組合として同じような利益を代表すると主張しながらも、特定の労働権に対する姿勢は、これ以上ないほどに異なっている。一九九七年、香港返還前に、香港臨時立法会（北京の影の立法府）は、団体交渉権を含むいくつかの法案を廃止する動議を提出した。団体交渉権は、賃金や労働時間などの問題について法的拘束力のある交渉を行うことを認める労働組合主義の中核的な信条である。それにもかかわらず、親北京派の工連会はこの動議に賛成し、団体交渉権の廃止に道を開いた。[34]

工連会は当然ながら激しい批判を浴びているが、たとえそうであっても、実際の草の根の労働組合として活動している職工盟への支持と正当性を希薄化することができてしまう。政府が国家安全維持法のような物議を醸す政策を導入する必要がある場合、工連会の支持を主張することによって、政府は、労働者の支持を得ているのだと主張することができるようになる。これは、その問題について声を上げようとする他の市民社会団体の努力を損なうものである。また、政府の支援があったために工連会はより速く拡大し、多くの会員数を維持することができたのだが、このことは、背景を知らない人々の目には、工連会の方が労働者を代表しているかのように見えてしまうことだろう。

市民社会が活動できる空間が縮小し続けると、変化をもたらす能力が低下する。そして政府は一般市民を犠牲にして、権力者の利益になるような行動をとることができるようになる。［訳注：二〇二一年一〇月に香港職工会連盟は解散している。国安法による市民社会の「鎮圧」の事例である］

政治的予言が現実となるとき

毎年開催される香港電影金像賞は、中国および周辺地域の映画産業の最高峰を称える賞だ。創設は一九八二年で、「香港アカデミー賞」とも呼ばれる授賞式は、毎年中国語圏で放送されている。しかし二〇一六年、香港映画『十年』を理由に中国政府は中国国内での放映を禁止した。

『十年』は、二〇一五年に制作が委託され完成した。香港の新進気鋭の監督五人に、一〇年後に自分の故郷がどうなっているかを想像してもらい、わずか五〇万香港ドル（約六万三〇〇〇米ドル）の予算で、それぞれ独自に五つの短編が撮影された。どんな物語になるのかプロデューサーたちは知らなかったし、それに対する発言権も持たなかった。だが、完成した五本の短編からは、伝わってくるものがあった。

どれもが暗く不吉な、ほとんどオーウェル的な都市を描いていた。真実があまりにも貴重なものになったため、若いカップルが自分たちの生活に関するすべてを少しずつカタログ化し、ガラス瓶に文字通り保存して回り、最後には究極の犠牲を払って自分たちの死体を保存する都市。当局が暴力団体と結託し、反対派への弾圧を正当化するための「偽旗攻撃」として、親北京派の高官を殺害する都市。イギリス領事館の前で焼身自殺をする人が出るほど、国際社会に声を上げてもらうことを切望している都市。ローカルな文化への憎悪が子供たちに奨励される都市。広東語を話す父親がもはや北京語を話す息子と会話できない都市。

五つの短編は、一つの劇場公開作品として発表された。香港の商業映画館チェーンではこのような思想的な作品は上映されず、一部のアートシアターで公開されただけだった。それにもかかわらず、そして低予算と広告の欠如にもかかわらず、この映画は口コミでセンセーションを巻き起こした。香港の歴史上、これほどの衝撃を与えた映画はなかっただろう。それは人々の心の奥底に響いた。観客は上映中に、人目を憚らず涙を流した。

『十年』は、北京にとっては容認できないもので「政治的に不適切」だと見なされた。中国市場に依存している香港の政治家や映画関係者は、当初この映画を無視しようとした。それが不可能になると、彼らはこの映画を軽視しようとした。だが、大衆の支持はすぐに批評家の称賛に結び付き、この映画は映画賞にノミネートされることになった。

『十年』に対する締め付けは、この映画をさらに予言的なものにするだけだった。それは香港の人々が抱いている不安、すなわち、自分たちの自由や、ローカルな文化、記憶や、真実との繋がりが、失われつつあるのだという感覚を、鮮明に映し出していた。それぞれのストーリーやプロジェクト、観客の反応のいずれにおいても、その根底を流れているメッセージは、北京や香港政府は信頼できず、市民の利益のために行動するとは思えない、というものだった。どのストーリーにおいても、党の利益が、市民や真実よりも優先されていた。それは、直接的な言葉にすることなく、権威主義的支配を痛烈に非難するものだった。

また、この映画は絶望的な状況を反映していた。ハッピーエンドで終わる作品はない。いくつかのストーリでは、死だけが解放をもたらすことが示される。死は、ますます耐えがたいものとなっていく現実からの逃避を表現している。その耐えがたさは、登場人物の誰かが肉体的痛みを経験することによるのではなく、嘘によって定義される現実の中で生きなければならないという心理的苦痛によるものだ。「あらゆるところに嘘がある場所」、これは『ノマドランド』で二〇二一年アカデミー監督賞を受賞したクロエ・ジャオ（趙婷）が、中国を表現した言葉である。「そこから絶対に抜け出せないような気がしたものです」。香港の人々にとって『十年』で強く響いたのは、決して抜け出せないかもしれない代替現実にゆっくりと滑り落ちていくような感覚だった。

北京がこの映画をブラックリストに載せたのは、驚くようなことではないだろう。中国本土では、この映画に言及するあらゆる情報が消去された。北京の言うことに耳を傾けてみると、香港の人々は中国共産党が植民地時代の抑圧から解放してくれたことに感謝しているのだそうだ。僕のような「外国の手先」だけが反対意見を煽っているらしく、中国を蝕むために邪悪な外国勢力から支援されており、金をもらっているに違いないらしい。北京と香港当局は、この映画から学ぶことができない。なぜなら、問題について考えてみることさえ許されないからだ。

自由社会においては、かつての香港のように民主的投票制度が機能していない社会においてさえ、良き統治を行うために現実に向き合うことが求められる。中国共産党の影響を受けた一九六七年の暴動で、人が殺され爆弾攻撃によって香港が恐怖に陥ったとき、植民地政府は一連の幅広い社会福祉改革を実施し、汚職問題に取り組んだ。恩赦と和解が、自己弁護と迫害よりも優先された。イギリスは自分たちを見つめ直し、自分たちの欠点を認め、改善できる点は何かと問いかけ、そして変化した。たとえ変化が不完全であったり、制度に欠陥があったりしても、自由社会において僕たちは、現実と向かい合い、問題をあるがままに直視したうえで、それに対処しなければならないということを認識している。

権威主義的システムの下では、すべては政府公認の「現実」に適合し、それに奉仕しなければならない。文化や芸術は、本来は新しいアイデアの表現であるべきだが、プロパガンダに成り下がってしまう。そのため、中国出身者として世界で最も高く評価され名声を得ている芸術家、アイ・ウェイウェイ（艾未未）の作品は、彼の母国では展示することができない。香港でも、彼の作品を展示することができなくなってしまった。中国共産党が築こうとしている世界は、中国的なのではない。それはただ単に、権威主義的なのである。ナチスに、ドイツ人とは何かを定義できなかったように、今日のいかなる政党にも、そのような定義はできない。僕たちの文化、価値観、アイデンティティは、人民(ピープル)によって定義される。

ある国営新聞は『十年』を「ウイルス」と表現した。「中国本土から見ると、この映画はまったく馬鹿げている。『十年』で描かれたような出来事は香港では起こるはずがない」とその記事は述べていた。それでも『十年』は第三五回香港電影金像賞で最優秀作品賞に選ばれた。受賞作が読み上げられると、セレブリティの観客は一瞬沈黙し、勇気ある数人が心配そうに拍手をした。その光景はシュールで恐ろしかった。これが中国の「自由」で「開かれた」都市の姿だった。

グレート・ファイアウォールの向こう側の中国では、毎年恒例だった授賞式についての一切の書き込みが消去された。ライブストリーミングはなく、中継のニュース放送もなく、議論もまったく行われることがなかった。北京のどこかで官僚の大蜘蛛が、人民を罠にかけるための新たな嘘のウェブを、共産党のために紡いでいたのだ。『十年』はタブーとなった。

それから五年後の二〇二一年、オスカーとも呼ばれるアメリカのアカデミー賞授賞式が、香港では放送されなかった。無線電視（ＴＶＢ）の広報担当者は、これを「純粋に商業的な判断」と説明した。短編ドキュメンタリー映画賞には、二〇一九年の民主化デモを抗議者の視点から記録した短編映画『Do Not Split（不割席）』がノミネートされていた。この作品では、抗議者は無政府主義者ではなく、理想主義者であり、ローカルな不満を抱えた地元の人々であることが示されていた。彼らは、暴力的で無責任な政府によって窮地に追い込まれた平和的な人々だった。彼らはテロリストではない――これは、抗議活動に関わった多くの人々が記憶している真実である。

香港電影金像賞の受賞式を見たとき、僕はこれが、カンヌ国際映画祭、ＢＡＦＴＡ映画賞、アカデミー賞の未来になるのだろうと思わずにはいられなかった。リチャード・ギア、ブラッド・ピット、レディー・ガガ、ＢＴＳ、エルトン・ジョン、ジャスティン・ビーバーなどは、中国ですでに禁止されているアーティストのリストの一部に過ぎない。彼らはいずれも、自分の懸念について正直に話したために、罰を与えられた。

ＰＥＮアメリカによれば、一九五〇年に中国がチベットに侵攻したことを描いた『セブン・イヤーズ・

イン・チベット』(一九九七年)のような映画を作ることは今や不可能なのだという。ハリウッドの制作会社が、中国における共産党の支配を否定的に描いたり、中国共産党の見解にそぐわない歴史観を提示したりする映画を作ることは、すでに考えられないことなのだ。二〇二一年、レスラーから俳優に転身し『ワイルド・スピード』シリーズのスターであるジョン・シナは、かつて台湾を「国」と呼んだことについて、「私の過ちを申し訳なく思っています」と、中国と中国国民に深く謝罪した。「今、私が言わなければならないのは、私は、中国と中国の人々をかつてなく愛し、尊敬していて、とても、とても、とても、とても大切なのだということです」。中国を愛し尊敬していたら、台湾を否定し、台湾人を傷つけなければならないのだろうか?

市民社会が繁栄するのは、すべての市民が、芸術やその他の形式を通じて、自己を真に表現し、声を上げることができるからである。もしこの道が閉ざされてしまったら、市民社会の活力は失われ、アイデアの流れも滞ってしまう。北京に芸術を定義させてはならない。これまで通りに北京の脅迫を受け入れ続けていたら、彼らの要求と期待はますます大きくなるばかりだ。いつか自由世界においても授賞式に出席する有名人が、拍手しても良いのかどうか一呼吸置いて考えなければならなくなるとしたら、それは芸術表現の自由な精神に対する最大の侮辱であろう。

第四章　法を利用した支配

自由社会とは、僕たちの自由を守るために権力が奉仕する社会である。自由がそもそも意味を持つためには、それが法によって保障されるだけでなく、法が政治権力から独立しており、政治の責任を追及できるだけの力を持たなければならない。僕たちは、自由をより確かなものとするために、自由を行使しなくてはならない。

世界正義プロジェクトによると「法の支配（rule of law）」とは、法律、制度、規範、およびコミュニティのコミットメントからなる耐久性のあるシステムであり、次の四つの普遍的原則に沿ったものである。

一、説明責任：　政府のみならず民間の当事者も、法律の下で説明責任を負う。

二、公正な法律：　法律は明確で、公開され、安定しており、平等に適用される。契約と財産権だけでなく、人権も保障される。

三、開かれた政治：　法律が採択され、施行され、宣告され、執行される過程は、公開されており公正で効率的である。

四、公開された公平な司法（ジャスティス）：　司法は、有能で倫理的かつ独立した代表者と中立者によって適時に提供される。彼らは連絡可能で、充分な資源を持ち、担当するコミュニティの構成を反映している。

裁判所が脅かされず、おもねることなく、独立して働くことが認められなければならない。とはいえ、法の支配とは、法律と司法制度が単に存在するということではないし、その制度が効率良く機能するということでもない。それは、そもそもなぜ法律があるのかということ、そして、法律は誰を（または何を）守ろうとしているのかということに関わる。法律は、権力者ではなく人民に仕えなければならない。法律は、すべての人民に対して、平等に別け隔てなく安全を提供しなければならない。法律は、強制を意図するものではなく、保護を意図するものでなければならない。法律は、一貫性を持ち、公平であり、立法府を通じて人民に説明責任を負うものでなければならない。

正義こそが、法律にとっての魂だ。法の支配が存在する社会では、社会契約を支えるのは、力ではなく正義である。人々が正義を信じ、正義が可能であることを信じるからこそ、人々は法律に従うことに同意する。もちろん世界のどこでも、裁判所が資金不足に陥ったり、官僚主義がプロセスを停滞させたり、正義のために働くはずの法律が意図しない結果を招いたりすることはあるだろう。しかし、不完全で非効率であっても正義の歯車がゆっくりと回転しているシステムと、そもそも法律が正義のために存在していないシステムとでは、やはり根本的な違いがあるのだ。

法の支配は、表面上は政治とは別ものである。そのため、非民主的な政治体制の下であっても、その体制が法の精神を尊重し理解しているのであれば、法の支配を機能させることが可能だ。もっとも、そのような状況は、法体系を維持しようという体制側の意志がひとたび失われれば、悪意のある政治的勢力の影響によって、法の支配が脆弱になるということを意味する。この脆弱性は、香港のケースに現れている。植民地時代の香港は、政治的自由を否定されていたとはいえ、法の支配を重視する人々によって統治されていた。法の支配は、香港の社会を形成し、遵法精神と当局への信頼感を育み、また、政治的正当性の確立にも役立った。香港が繁栄し、ビジネスの拠点となったのは、人々が、自分の所有物や自由を恣意的に奪われることはないと確信し、不正行為で訴えられても公正な裁判を受けることができると期待できたからである。

法の支配が、一九九七年に香港が中華人民共和国に返還された後も継続されたことは、香港が享受してきた権利と自由が維持されることを法律によって保障し、政治権力の行使に制限を設けるということを意味していた（政治権力は、非民主的で、人民を代表しないままだったが）。このことは、香港の繁栄するビジネス文化を安心させる上で、特に重要であった。また、香港の人々の多くは、つい最近中国から逃れてきたばかりで、中国には法の支配が存在しないことをよく知っていたため、彼らを安心させる上でも重要だった。

立法会議員への出馬

二〇二一年に選挙制度が大きく改められる以前、二〇一六年の立法会（香港人にはLegcoと呼ばれている）には七〇議席あった。このうち半数は「地域別」選挙区を通じて一般市民から選出された。残りの議席は「職能別」選挙区で、利益団体によって選出され、その大半は北京によって実質的に支配されていた（ただし法曹界と教育界は、北京の支配を受けない際立った例外だった）。一般投票において、親北京派が優勢になったことは一度もない。それにもかかわらず、選挙制度全体としては、常に彼らが議席の過半数を確保するように設計されていた。

二〇一六年、僕は香港の立法会議員選挙への出馬を決めた。二〇一四年の抗議活動と雨傘運動、そして物議を醸した北京の選挙制度改革案を可決することに香港政府が失敗して以来、これは初めての立法会選挙であり、新たな民主化運動の方向性を試す重要な試金石だった。故郷の変化に憤り二〇一四年の闘争から政治的刺激を受けた僕の世代は、政治プロセスに関わろうとするだろうか？　それとも、抗議運動が真の民主改革を達成できなかったことと、その結果もたらされた弾圧や政府の強硬姿勢によって、その希望は絶たれてしまったのだろうか？　香港の操作的な政治システムによって、この都市が切実に必要としている変化をもたらすことができるのだろうか？　これらの疑問の根底には、一つの同じ疑念がある。はたして人々はまだ「一国二制度」がうまくいくと信じているのだろうか？

この疑念は、緊急性のあるものとなっていた。この年、前年から行方不明になっていた香港の書店員五人が、中国で見つかった。彼らは誘拐され、中国本土に連れて行かれ、尋問され、薬物を投与され、拷問された可能性が高いと報道された。理論上は自治権があるにもかかわらず、香港政府にはこの事件を調査することも、北京に回答を求めることもできなかった。これは重大な事件であり、イギリス政府が中英共同宣言に違反していると宣言したほどだった。だが北京は、香港人の気持ちや不安をよく顧みることなく、その条約は「歴史的な文書」であると繰り返すだけであった。

僕は学生活動家（アクティビスト）として、自分の視点が同世代の圧倒的多数を反映していることを知っていた。いわゆる「実用主義者」や北京に忠誠を誓うエリートたちは、僕たちのことを、我儘で物質主義的で非政治的だと揶揄するが、それは若者のことではなく、彼ら自身のことだろう。そして皮肉にも、それは北京が熱心に育て上げようとしている市民の姿にも当てはまる。僕は、そうした若者像が途方もなく間違っているということを、我が身をもって理解していた。僕の世代は、香港を「家」と見なすだけでなく、唯一の拠り所として育った。僕たちは、親北派の政治家たちには代表され得ないような形で、香港と関わり、香港を大切に想っていた。

若者は理想を持つべきだと思う。より良い「家」を想像すること、そして、自分たちの価値観、過去ではなく現在の価値観を代表する人物を想像することは、若者の持つ大切な自由だ。学生というのは、その後の人生のように多くの責任を背負わされていないし、既存の政治的権力構造にさほど深く組み込まれていない。既存の物事のあり方や世界の現実にまだそれほど染まっていないため、活き活きとした理想主義や、従来とは異なるやり方で物事に取り組む想像力が育まれる。このことは世界中の若者について当てはまる。

若者の理想主義や希望がどのように扱われるかということに、その社会のオープンさ、自由さ、機敏さが反映される。暮らしている社会が、市民によって形成されるのではなく、何千キロも離れた首都における政治によって、しかも言語も価値観も政治文化も共有しない人々によって作られる場合には、希望は特に重要である。希望があればこそ、僕たちは現状に甘んじることなく、直面する課題に改めて取り組むことができる。若者は問題をあるがままに見つめ、不正の原因となっている前提に疑問を投げかけ、変革の先駆けとなるべき存在である。結局のところ、僕たちが今作っている世界を受け継ぐのは、彼らなのだ。

　僕は若くして有名になっていたため、同世代の多くの人が僕に共感してくれていることに気付いていた。僕はエリートの出身ではなく、家族もそういう世界とはずっと縁がなかった。学生運動家として、すでに何年もかけて、あらゆるバックグラウンドのあらゆる政治的信条の人々と関わり、政治家としてあるべきスキルを身に付けようとしてきた。僕はいつもオープンだった。こうした交流は時には、がっかりするほど無作法なものだったし、熱くなり過ぎることもあった。しかし、そうした経験によって共感力が育まれ、人々が感じている問題への理解を深めることができた。そして何より、僕が故郷の都市に対して感じていること、僕が大切に思うこと、香港で起こりつつあることについての僕の見方が、僕一人のものではないと確認することができた。実に多くの人々が、僕と同じように感じていたのに、誰一人として自分の声が政治に反映されているとは感じていなかった。

　僕は、友人の活動家（アクティビスト）であるジョシュア・ウォン（黄之鋒）、アグネス・チョウ（周庭）、アイヴァン・ラム（林朗彦）と一緒に、デモシスト（香港衆志）という新しい政党を立ち上げた。それは新しい世代を代表し、新しい世代にアピールする、若い世代による清新な政党だった。既存の民主派政党よりも若くダイナミックで、エリート色が薄い。

　政治団体として自分たちをどう位置付けるのかには、非常に気を遣った。選挙のために結成された他の新政党と比べると、僕たちは穏健派だった。僕たちはそれまで、さらに保守的な汎民主派陣営と共に行動してきたし、その中での活動を継続しており、彼らから学ぶべきことがたくさんあると分かっていた。だがこれらの伝統的な政党は、数十年に渡る北京を含む当局との交渉が失敗し、民主化のための実質的な成果を何ひとつ上げることができなかったため、信用を損ない分裂していた。弁護士や専門家を中心とする彼らが代表する穏健な政治は、今とは別の、もっと希望に満ちていた時代の遺物のように思われていた。若い世代にとって彼らは、植民地時代のより礼儀正しい政治によって形成された「古風な」政治家だったのだ。政府との書面のやり取りは、かつてはうまくいったのかもしれないが、中国共産党はイギリス政府とは違う。支持を失った民主派政党も、このことは理解していた。僕たちと同じように民主化運動を再起動する必要性を理解し、そのために彼らのほうでも、僕たちと関わりたいと考えていた。僕たちは、彼らがやってきたこと、彼らの経験から学べることを尊重しながらも、彼らが代表する過去の政治に引きずられないようにしたいと思っていた。

　こうしてデモシストは、片方の、伝統的な民主派政党と、もう片方の、北京の愛国主義やアイデンティティをめぐる政治への反応として台頭しつつあった、より若くて過激なローカル政治との間を、橋渡しする存在となった。僕たちは決して、過激派だとも本土派（ローカリスト）だとも主張しなかった。自分たちが答えを持っているふりもしなかったから、汎民主派の他の人々とも緊密に協力できた。僕たちが持っていたのは、伝統的政党には欠けていた大衆的支持と若々しいエネルギーであり、それが政治状況の活性化に役立つことを期待していた。僕たちは若い世代の代弁者となり、また同時に、若い世代への橋渡し役になろうとした。

二〇二〇年六月の余波で、デモシストを含む香港の多くの市民団体が、解散するか、あるいは目立たない地域活動のみに専念するようになった。親北京派メディアは、デモシストを危険な「分離主義者」の集団、「敵対する外国勢力」の工作員、香港民主化運動の「黒幕」であると、一貫して非難した。しかし、こうした中傷とは裏腹に、僕たちが香港独立を主張したことは一度もない。僕たちは、香港が憲法の下で持つ正当な権利を指摘したに過ぎない。僕たちは、この合意を、文言上も精神上も尊重するべきだと信じていた。香港市民には、北京によってすでに保証され約束されたこれらの権利を得る資格があった。また僕たちは、香港の未来と統治システムは、香港人が決めるべきことだと信じていた。中国共産党は、帝国主義の足枷を投げ捨てるという話を好むが、僕たちがやろうとしていたのはまさにそれだった。二〇一六年八月、選挙の一カ月前、僕たちのチームは心配し始めた。世論調査によると、僕は、自分の出馬する選挙区でほとんど支持されていなかったのだ。香港島は裕福で概して保守的な地区で、弁護士、公共的知識人、元政府高官など、専門家やエリート層の著名なメンバーが選出されることで知られている。さらに困難なことに、僕の選挙区は高齢者が最も多い選挙区だった。また、比例代表で六議席が復活する重要な「スーパー選挙区」でもあり、一五もの政党が候補者を擁立していた。

僕たちは希望を捨てなかったが、見込みは薄かった。知名度こそあったかもしれないが、僕は学生活動家としてしか知られていなかった。学生運動から直接、香港の政治の第一線に躍り出るというのは簡単なことではない。僕は自分のマインドセットを変えなければならなかった。僕はもはや、僕と似たような学生を代表するのではなく、もっと広い範囲の人たちを代表できる人間であるということを示さなければならなかった。現実の政治の複雑さを理解し、有権者の多様な要求や意見に対応する能力があることを示す必要があった。また、都市の最高機関において有権者を代表する能力が僕にはあるのだと、人々に納得してもらわなければならなかった。選挙期間の最後の二週間は、僕の信念を説明し、白熱する政策論争を分析することに全力を尽くした。僕は、年齢や学歴、経験などが議員にふさわしいかどうかの決め手ではなく、決断力、ビジョン、雄弁さが最も重要であることを証明したかったのだ。

二〇一六年の選挙は、前例のない投票率となった。登録有権者の五八％に当たる二二〇万人が投票したのだ。北京支持者たちの絶え間ない威圧にもかかわらず、サイレント・マジョリティーが意思表示し、民主派候補者に投票した。ローカル政治に新しい勢力が出現し、革新的な本土派（ローカリスト）の候補者が新たに六議席を獲得することになった。そして僕は、世論調査を遥かに上回る大差で議席を獲得し、香港で史上最年少の議員になった。

自分たちが成し遂げたことがとても誇らしかった。僕たちは選挙に立候補することによって権利を行使し、また、香港の人々は投票することによって、自分たちの懸念を共有する代表を選ぶ権利を行使したのだ。議会は、体制派が多数を占めるように設計されていたため、真の意味で法律を制定する機関というよりは、むしろ討論の場となっていたかもしれない。しかし、直接選挙で選ばれた三五人の議員の一人であることは、依然として重要なことだった。僕の当選は、香港市民に許された範囲内での政治的権利の表現、つまり自由の表現だった。僕は民主的負託を受けたのであり、政府の誰もそれを否定することはできない。たとえ僕にできるのが議会で一人分の声を上げることだけであるとしても、その声は都市全体に響くことだろう。僕と同世代の多くの人々にとって、また僕に投票したすべての人々にとって、それは重要なことなのだ。

僕は二三歳で、香港の最年少議員になった。イギリスでは、最年少の国会議員は「ベイビー・オブ・ザ・ハウス」と呼ばれ、その後の政治家としてキャリアは長くなることが多い。だが、香港での僕のキャリアは、最も短命に終わった例の一つとなった。

立法会議員の任期は四年である。僕のチームが立法会総合ビルの新オフィスに引っ越したとき、そこにいる期間が、四年よりも短くなると予想する理由などなかった。僕たちは九〇一号室を快適な場所にするために最善を尽くした。僕はそれまで活動家（アクティビスト）として多くの議員に会い一緒に仕事をしてきたが、しかし今、立法会総合ビルで同じ議員の一人として自分が座っているということには、どうも違和感があった。政治家の助手たちが出入りし、僕のスタッフが忙しそうに動き回っているのを眺めながら、僕は本当にここに居ていいのだろうか、と思わずにはいられなかった。ここは活動家にとって正しい場所なのだろうか？　この場所は、僕たちを受け入れてくれるのだろうか？

民主派の有名議員たちが、オフィスに立ち寄り、僕のことを歓迎してくれた。彼らは、そこが僕の居場所だと感じられるように最善のことをしてくれた。彼らの多くは、僕の尊敬する政治家や運動家であり、抗議活動のとき共に行動した人たちだ。より善い香港のために、労働者の権利、市民的自由、その他の重要な自由のために、彼らは懸命に闘ってきた。だが、僕が束の間に感じた誇りは、直面している現実に気付くことによって、すぐに打ち消されてしまった。民主派の盟友たちは有能で、広いコミュニティで尊敬されていたが、彼らが働くシステムは、決して彼らに権力を持たせないように設計されていた。そして権力を持つ者たちは、僕たちを黙らせ、破壊しようと企んでいた。

僕の当選は、北京とその忠実な支持者たちの面子を酷くつぶすものだった。彼らの主要な嘘の一つが打ち砕かれたからである。その嘘とは、香港人の大部分は忠実な愛国者であり、ローカルな問題や、自由と民主主義への願望よりも、国家（それは中国共産党を意味する）を優先させるというものだ。それは権力者の利益のための嘘だった。香港のエリート層を牛耳る役人や共産党秘密党員から、いわゆる安定性と良好な商業環境のためにずっと民意を抑圧してきた国際企業までが、皆この嘘から利益を得てきた。それは、最後の香港総督であるクリス・パッテンが、エリートたちの説得を振り切り、市民に直接語りかけることによって果敢に挑戦した嘘であった。その嘘は、北京による自由の侵害のために代表民主制の重要性が増していくにつれて、さらに悪質なものとなっていた。立法会議員としての僕の存在は、他の革新的な新議員の存在とともに、この嘘が、嘘であるということを世界に知らしめることになった。北京が僕たちの存在を許すはずがなかった。

法が独立性を失い、裁判所の権限が政治に従属し、裁判官が愛国者でなければならなくなり、法律が政治権力に奉仕するようになったとき、僕たちは「法を利用した支配（rule by law）」を受けることになる。そのとき法は、正義の追求をやめ、迫害と抑圧のための道具となる。権威主義の蔓（つる）が、僕たちにゆっくりと忍び寄り、僕たちを守ってくれる制度を絞め殺し、僕たちが疲弊して抵抗できなくなるまで、僕たちの価値観を攻撃し続ける。

すべての議員は就任前に、中華人民共和国への忠誠と、香港憲法を遵守することを宣誓しなければならない。これは厳粛な行為である一方、宣誓式においては議員の政治的な所信表明が許されるという長い伝統があった。これは通常、就任宣誓の直前か直後に行われる。新人議員にとっては自分の政治的信条を表明する重要な機会であり、民主派の議員は、自らの理想のために闘う決意を表明することが少なくなかった。結局のところ、彼らが議員になったのはそのためなのだ。

成文化されてはいなかったが、これが言論の自由の合法的な行使であるというのが通説であり、僕もそれに同意していた。香港基本法のどこにも所信表明を禁止するような明確な規定はない。そこで僕は、この機会をどうやって活かしたらよいかチームで話し合った。僕にインスピレーションを与えてくれる人の言葉、僕が何を信じており、どのようなタイプの政治家であるのかを凝縮的に表現してくれる人の言葉を引用することに決めた。注意を要する事柄であるのは分かっていたので、僕たちはあらゆる段階で法律的なアドバイスを求め、一線を越えることがないようにした。

二〇一六年一〇月一二日、立法会で就任宣誓を行った。議場には、議長席の下方の台に大きなオーク材の机が置かれていた。その両脇には、僕たちが読み上げるべき書類を持った立法会事務局員が二人立っていた。宣誓を承認するのは彼らの役割である。

僕が宣誓する順番は最後だった。他の六九人の議員が壇上に上がり、宣誓の儀式を行うのを見届けた。多くの議員が、当然のことながら、この機会に自らの所信を表明していた。

自分の順番が回って来たとき、僕の心は穏やかだった。僕は、首に下げたシンプルなレザーの傘のネックレスに意識を集中した——それは民主化運動のシンボルだった。こうして体制の中にいる今も、僕は活動家（アクティビスト）であり続け、僕の信じる正義と真実を表明し続けるのだと、見ているすべての人に伝えたかった。

宣誓のために僕は立ち上がり、そして「人民を惨殺する政権の言いなりにはならない」と宣言した。僕が仕える相手は、政権の政治的攻撃ではなく、人民なのだ。マハトマ・ガンジーの言葉を僕は引用した。

> あなたは私を鎖に繋ぐことができる。拷問することができる。肉体を破壊することができる。だが、私の心を牢獄に閉じ込めることはできない。

宣誓の際には、一つひとつの言葉を明確に読み上げるように気をつけた。原稿から逸脱することはなかった。

私は中華人民共和国香港特別行政区の基本法を遵守し、中華人民共和国香港特別行政区に忠誠を誓います。

だが、人民から負託を受けていることと、人民の口を封じる政権に忠誠を誓うことの間にある矛盾を、心の中で感じずにはいられなかった。僕は「中華人民共和国」と言うときに声のトーンを上げざるを得なかった。

引用したガンジーの言葉に心の中で何度も立ち返り、今や僕は、それに新たな意味を見出すようになっていた――立法会議員としての僕は、北京が香港のアイデンティティをこっそりと空洞化させていく中で、説明責任の劣化版として設計された政治システムの一部となっているかもしれないが、僕は虚飾の肩書によってそれに取り込まれたりはしない。僕はこれからも、人民を代表し、権力に対して真実を語り続ける。そうしなければならないのだ。

僕の宣誓は、立会いの事務局員によって受理され、香港立法会事務局の事務局長によって承認された。立法会議長は僕の宣誓の正当性に異議を唱えなかった。僕は立法会メンバーとして確定し、議員としての職務を正式に果たすことができるようになった。

しかし、ここに北京が介入してきた。選挙で選ばれておらず説明責任を果たすこともない政治的権威を振りかざし、基本法一〇四条を「再解釈」し、宣誓の要件を変更したのだ。この新しい解釈によれば、中国の一部としての香港に忠誠を誓わなければならないというだけではなく、それをどのように行うべきか、それを正しく行わないとどのような結果になるのかまで、法律に書かれているのだという。その解釈によれば、宣誓は「厳粛」に行わなければならない——そしてその言葉の意味は、政府によって恣意的に定義されるのであった。

驚くべきことに、北京はこの再解釈を過去に遡って適用することを決めた。これは法の支配の基本原則に反するものだ。明らかに、人はまだ作られていない法律に違反することなどできない。僕は当時の法律に従って、また、当時の儀式の理解の仕方を尊重して宣誓を行っていた。

憲法を軽々しく再定義した北京は、今度は（法の支配の名の下に！）この新解釈によって、僕や他の民主派議員の議員資格を剥奪することを、香港当局に要求した。立法会議員として正式に承認され、職務を遂行し始めてから九カ月後、僕は議員資格を剥奪され、議会から追放された。

北京の新解釈は、事実上は、現行法の改正だった。しかし、それを「解釈」だと主張することによって、法律が、過去に遡って適用されることになってしまった。北京は、香港のすべての人がそれまで法律を誤読し、誤解していたのだと宣言したのだ。その法律は、すでに二〇年近くも別の共通認識によって、解釈され適用されていたのだが、そんなことは問題ではないようだった。また北京は、香港の司法と、法律専門家の権限を、こんなにも公然と弱体化させることに何の疑念も持っていないようだった。これが「明確化」であったため、裁判所は、中国共産党の政治的決定に従って判決を下すよりほかなくなった。

六人の民主派議員が、議員資格を剥奪されたことは、多くの香港人を落胆させた。この数は、民主派によって法案を阻止されるのを防ぐために、親北京派が必要としていた数に正確に一致する。その中の一人に僕も含まれていた。

もし、まだ存在していない法律に従うように求められたら、どうやって生きればよいのだろうか？権力者の気まぐれによって恣意的に、流動的に解釈される法律というのは、いったい何を意味しているのだろうか？　そのような社会にもまだ残されている法というのは、たった一つしかないだろう。それは、強者が弱者を虐げるという法である。

香港の根本的矛盾

宣誓問題は、香港の法体系の根本的矛盾を浮き彫りにした。法の支配を尊重も実践もしないシステムによって、法が翻弄され支配されるようでは、法の支配は成り立たない。中英共同宣言は、少なくとも二〇四七年までは香港でイギリスのコモン・ローを存続させることを中国に約束させたが、法の解釈については北京に最終決定権があるため、香港の裁判所は、最終的に法の権威者ではなく、執行者となっている。

北京は、法律上は自らが最終的な解釈権を有しているとしきりに言うが、しかし、基本法の下では、解釈が成立するためには以下の三つの基準をすべて満たす必要がある。

一、解釈は、北京が管理する事務か、あるいは北京と香港の関係の、どちらかに関わるものでなければならない。

二、解釈は、香港の最高裁判所（終審法院）からの要請を受けてなされなければならない。ただし、中国の主権に関する場合を除く。

三、法律の解釈でなければならず、改正であってはならない。

言うまでもなく、これらの三つの基準は満たされていない。香港の自由と民主化への願いに関連してさらに重大な解釈の一つは、二〇〇四年にまで遡る。北京が、香港行政長官を任命する際の影響力を増すために、二つの重大な改正を行ったときのことである。この介入は香港の最高裁判所が要請したものではなく、また単なる解釈に留まるものでもなかった。この決定は、歴史を画するものだった。中華人民共和国は、自治と民主化の約束をすることで香港の主権を回収したが、それはイギリスとの約束であっただけではない。より重要なことは、相談されることもなく変化をただ受け入れた香港市民との約束でもあったということだ。その約束は、香港市民の民主化への願いを持続させるものであったと同時に、体制内の民主的政治家に、北京と協力して合意された目標へのロードマップを策定させる役割を担わせるものであった。だが、このプロセスに対する信頼が、銃によってではなく、ペンの一振りで打ち砕かれたのである。

裁判所はコモン・ローの原則に従い続ける自由をある程度は認められたが、憲法問題は、もはや中国政府の領分となった。北京にとって法律は、自分たちの権限の限界を考慮するためのものではなく、自分たちが香港に干渉し、統制し、支配するための手段である。

新しい解釈が行われるたびに、香港で、法の支配が存在する空間が縮小していく。多くの人の頭の中では、法の支配は独立した権威の源としてではなく、中国共産党の恩恵によって存在するものになっている。それは明らかに、裁判所のあるべき姿ではない。このことは、ゆっくりと、だが根本的なところから、僕たちの法の支配に対する理解、そして僕たちと法の支配との関係性を侵食してきた。

法律による明確な指針がなければ、僕たちは自分の置かれた立場や、果たすべき役割を、把握できなくなってしまう。もし、憲法がいつでも好きな時に「再解釈」されてしまうのだとしたら、僕たちは安心して暮らすために必要な、最低限度の確実性を失ってしまう。政権が簡単に法律を武器化して、その覇権に異議を唱える個人を訴追することができるようになってしまう。

法律を再解釈する権利を北京が主張した後、当時のケマル・ボカリー判事のような原則中心の裁判官は、裁判所から顕著に数を減らすことになった。法的原則と中国共産党の利益との間のバランスを取るという望ましくない必要性のため、つまり、法の支配の大枠を守るために原則に関わる妥協をしなければならないために、法律が政治化しており、市民に不利益をもたらしている。香港の裁判官は有能で、よくトレーニングされ、物質的には腐敗を免れているかもしれないが、彼らは根本的に欠陥のあるシステムにおける執行者に過ぎない。司法は最善を尽くすであろうが、香港の権利と自由の守護者ではないし、そうなることもできない。

司法が、政治権力から距離を置けるだけの権限を持たない場合、公平な裁判所は存在し得ないということを歴史は教えている。法が愛国心に奉仕すると信じ込まされ、原則よりも実用主義が重要視されるような社会に、法の支配は存在しない。

公民広場を取り戻す

二〇一四年以降、僕はたびたび逮捕されるようになった。警察は、抗議活動において、僕や他の有名な活動家をよく標的にした。逮捕された後は、警察署に勾留され、保釈を待つことになる。ほとんどの場合には、保釈が認められ、釈放された。警察には起訴に持ち込むだけの根拠などなかったからだ。

時には、有罪判決を得るに足るだけの証拠がないのにもかかわらず、警察がとにかく起訴に持ち込もうとすることもあった。僕や他の活動家に対する起訴が裁判所に棄却されることもあったが、しかし起訴されて裁判に行かねばならない過程というのは、特に前科のない若者にとっては大変なことで覇気を奪われる。こうしたやり口によって検察は、不正を目にして勇敢に声を上げる人々に、冷や水を浴びせかけるのだ。

二〇一五年、僕はジョシュア・ウォン（黄之鋒）と共に、警察官に対する公務執行妨害の疑いで起訴された。この事件は、十三カ月前にジョシュアと僕が、中連弁前で行った平和的な抗議活動に関連するものだった。公務執行妨害の定義は簡単ではないし、その当日には、僕たちの行為が公務執行妨害に相当するかもしれないという警告を受けていなかった。僕たちはただ単に、平和的抗議の権利を行使していただけだった。しかし、香港はすでに急速に変化しており、ジョシュアと僕は、要注意人物になっていたのだ。

法廷に立たされるのは初めてだったが、それは疲労とストレスの溜まる体験だった。逮捕の後、僕は保釈された。写真と指紋を取られ、取り調べを受けた。僕はまだ大学生で、弁護士を雇うことができなかったので、法的援助を受け、法律扶助を申請しなければならなかった。また、定期的に警察署に出頭しなければならなかった。法律扶助を申請するために必要な書類を集め、裁判の準備をするのに時間がかかった。政治的な事情のために、法律扶助の申請が却下されたり、援助が打ち切られたりするのではないかという不安もあった。

警察の提出した証拠が不充分だったため、裁判所は本件を棄却した。今にして思えばそれは当然のことなのだが、当時は、自分に不利な判決が出るかもしれないという不安で頭がいっぱいだった。少しでもリスクを減らしたかったので、僕は、裁判の準備のために自分の持てる時間をすべて費やしていた。裁判の期間、僕は心身ともにストレスを感じて消耗していた。ジョシュアと僕が、無駄な事務作業に追われて身動きが取れなくなっていた時間は、しかし、当局にとっては狙い通りのものだった。

翌年、僕は再び法廷に立つことになった。このときの起訴は、二〇一四年九月の公民広場占拠に関する「違法集会扇動」の容疑だった。これは特に象徴的な裁判だった。この公民広場占拠こそが、雨傘運動の発端であったからだ。

僕は、活動家や学生リーダーたちと共に、広場の周囲に設置された柵を乗り越え、広場の中心に集まって平和的な抗議をした群衆のうちの一人だった。僕と一緒に抗議をしたのは、ほとんどが若者で、その多くは学生だった。僕たちは、軽食とペットボトルの水を入れたリュックサック程度しか持っていなかった。誰も武装していなかったし、攻撃的な振る舞いをする者もいなかった。目的はただ、広場を占拠し、平和的に座り込んで抗議することだった。僕たちが要求したのは、北京が香港の人々と交わした約束を遵守すること、要するに、条約上の義務を果たし、法の支配を尊重することだった。

国際的なメディアによってこの抗議活動が報じられ、世界において、またビジネス界において、香港の状況への注目度が高まることを期待していた（ビジネス界は、香港の民主化に向けた議論に著しく消極的であり、しばしば北京の影響力拡大に積極的に加担していた）。しかし、これは当初から強調されていたことだが、この運動はローカルなものであり、ローカルに支持され、ローカルに推進されるものであった。すべての批判を「黒幕」や「外国からの干渉」のせいにする、北京が繰り出すお決まりのセリフに信憑性を与えないようにしたのである。当初、僕たちが海外のメディアと積極的に関わることはなかった。それが変わったのは、香港政府にも北京にも、対話に応じる用意がないと明らかになったときである。今にして思えば、この対話という戦略は基本的に無駄だった。なぜなら北京は、現実世界には興味がないからだ――現実の世界で批判者が何をしたのかとは無関係に、「黒幕」「外国からの干渉」というセリフによって、すべての反対者の信用を失墜させようとするからである。今日、香港の民主化運動においては国際的な提言（アドボカシー）が決定的に重要な役割を担っているが、それは国内において関わり合いを探るあらゆる道が閉ざされてしまったからに他ならない。

「愛と平和のセントラル占拠」は、本来なら起こらないはずだった。それは、提唱者の戴耀廷、朱耀明、陳健民が望んでいた当局との関わり合いのプロセスにおける最終段階であり、北京を有意義なやり方でテーブルに付かせ、問題を解決に向かわせるための圧力となる「鞭（むち）」であった。十八カ月の間に渡る十段階の関わり合いが計画されていた。占拠は、他のすべての段階が失敗した場合にのみ必要なものだった。

抗議行動の三カ月前、二〇一四年六月に中国国務院は、約束された高度な自治を、単に「中央指導部が授ける地方事務を運営する権利」と再定義する白書を発表した。これによって香港の政府当局も再定義された。香港政府はもはや、香港の代表として北京と仕事をしているのではなく、香港にいる北京の官僚に過ぎないことになった。政治的権威は中国共産党に由来するとされた。「一国二制度」の下で二〇四七年まで香港人が享受する自治と権利の枠組みを定めた中英共同宣言の占める位置はなくなった。北京はすでにこの条約を「歴史的文書」と位置付け直し始めていたが、イギリスはそのような位置付けに反対しており、また、この条約が国連に登録されたままであることとも矛盾している。

そして八月三一日、北京の常務委員会は、北京が承認した者だけが立候補できるようにする「制度的安全装置」を定めて、普通選挙権の意味を再定義した。香港の行政長官は、指名委員会によって選ばれ、北京によって任命されることになった。市民は、行政長官に投票する権利を技術的には得ることになるが、自由に選んで投票することはできない。悪いことに、これによって北京は「当選」した候補者が市民の信任を得たと主張できるようになる。立法会の全議席を直接選挙で選ぶという約束があっても、中国共産党がその約束を守るとは今や誰も思っていなかった。北京はあまりにも頻繁に約束を破ってきた。多くの香港人は北京を信じることができず、提案された改革案と北京がそれを実現しようとする方法は、恐怖を裏付けるだけだった。

公民広場は、その名が示すように、市民のための空間として設計されていた。したがって広場を取り戻すことは、立法会総合ビルの周辺ですでに始まっていた民主派の学生たちの抗議活動の文脈において重要であっただけではない。それは、香港市民としての市民権を取り戻すことでもあり、抗議者たちにとって重要な空間と再び繋がることでもあったのだ。

公民広場を取り戻すことが、かつて香港が持っていた精神、そして今後も持ち続けるべき精神を象徴する行動であったとしたら、警察と当局の対応は、香港がいかに変わってしまったのかを象徴するものだった。若い抗議者たちが警察に手荒く扱われ、広場から追い出される映像は、多くの人々を怒らせた。それは残虐というより、似つかわしくないものであり、人々が期待していたものから掛け離れていたのだ。当局が機動隊を配備したのは、暴力に対処するためではなく、抗議をやめさせるためだった。暴力などなかったし、抗議がそうなることを予想する理由もなかった。

ある友人のもとに、それまで政治運動に関わることを諫めてきた年配の親戚から電話がかかってきたが、このときは、抗議行動に参加するように頼まれたという。その親戚は涙を流しながらこう言った「警察のやっていることは間違っている。あんなやり方は香港らしくない。親族を代表して、抗議に行ってくれ」

僕が逮捕された翌日、立法会総合ビルの外に何十万人もの人々が集まり「真の普通選挙」を求める抗議の声を上げた。理想や、法として謳われているものへの敬意からだけでなく、権威主義的な権力の行使が、真の代議制の必要性を人々に痛感させたからである。当局が自分たちの利益のために統治を行ってくれると信じられなくなった香港人は、かつてないほど、市民に説明責任を果たす政府を必要としていた。

そこで起きたことは、計画的な市民的不服従行動ではなく、変貌しつつある香港に対する自然発生的な抗議行動だった。僕たちの自由と生活様式の基盤となる核心的な概念を、再定義しようとする北京の試みを、拒否する学生たちがそこにいた。北京の代替現実を拒否する若者や、若い家族たちは、市民のニーズを軽視して中国におもねるばかりの都市には、未来がないのではないかと恐れていた。香港の民主化運動の伝統的な支持基盤である知識階級は、一七年間に渡って、北京にその義務を果たさせるための働きかけを続けた挙げ句、北京への信頼を失い、落胆していた。そのとき人々を突き動かしていたのが、理想であるにせよ苦い経験であるにせよ、未来への希望であるにせよ過去への反動であるにせよ、あるいは、ローカルなアイデンティティのためにせよ、普遍的価値のためにせよ、ともかく彼らは、香港が根本的に変化しつつあり、しかもそれは悪い方向への変化なのだという共通の認識によって一つにまとまっていた。その時、かつてないほど自由と民主主義が必要とされていた。

こうして集まった群衆に対して当局は、警棒と催涙ガスによる攻撃で応えた。このような戦術は、一九六七年の六七暴動以来、香港の住民に対して使われたことがなかった。文化大革命の影響下にあった六七暴動は、中国共産党の支援を受けており、当時の抗議者は銃器を持っていた。香港は爆弾作戦に見舞われ、罪のない多くの人が殺害された。

対照的に、二〇一四年に警察が立ち向かったのは、路上に座って歌を歌う非武装の一般市民だった。暴力を知らない香港の若い世代に対して、機動隊が投入されたのだ。香港警察をして、紛争地帯に赴くかのような準備をさせ、抗議者を敵視するように仕向けたものは、いったい何だったのだろうか？

警察内部の文化が変わりつつあり、能力よりも忠誠心が重視されるようになっているのではないか、と心配する声が上がるようになった。幹部の人事が政治的に行われていることや、中国本土の治安部隊との繫がりが強まっていることが、不吉に見え始めた。こうした不安を掻き立てたのは警察自身の行動であり、抗議者の行動ではなかった。

初日の過剰な武力行使が、抗議のために街頭に出ようとする人々の気持ちを挫くことはなかった。逆にそれは、七九日間連続で人々を結集させるだけの傷と怒りをもたらした。催涙ガスや警棒から身を守るために使われた傘は、抗議活動のシンボルとなった。

よく言われるように、良い評判を築くには長年の努力が必要だが、それを壊すのにはたった一度の愚行で足りてしまう。もし香港警察が初期の過ちを認め、状況を読み違えたことを受け止め、独立機関による調査に同意していれば、警察に対する市民の信頼は高く保たれたのかもしれない。同様に、香港政府が共感と敬意をもって抗議者たちと関わり、政治プロセスの過去の失敗を率直に認め、政府が単なる官僚組織ではなく市民の代表でもあるということを確認していれば、抗議はこれほど長くは続かなかっただろう。だが警察と政府は、そうする代わりに、抗議者を敵として扱い、コミュニティを内部分裂させようとした。それによって彼らは、抗議者たちが最も深く懸念していたことを裏付けただけであった——香港は本当に権威主義的な変貌を遂げつつあるのだ。

二〇一四年の抗議活動の発端において僕が担った役割のために、第一審では一二〇時間の社会奉仕活動を言い渡された。僕は判決を受け入れた。確かに僕は法律を破っていた。とはいえ、自分が犯罪者になったという認識を整理するのは簡単ではなかった。法律を破ったということが、自分にはとても不自然なことのように感じられたからだ。不当な法律に立ち向かう活動家なら誰でもそうしなければならないように、僕は判決に向き合う覚悟はできていた。それでも僕は、民主主義と正義を擁護し、法の支配を守るために、時には法律を破らねばならないことがあるという市民的不服従の皮肉に苛立った。

法の精神を維持するためには、動機と文脈を考慮することが重要である。裁判官の判決文には、それが反映されていた。

若者が意見を表明するために法を犯した場合、法廷は、その行為とそれが招いた結果を考慮するだけでなく、彼らの違法行為の背後にある動機を見極めるために、比較的寛容で理解ある態度を取るべきである。

しかし、すべての抗議者と活動家に厳罰を科すことを求める親北京派と中国国営メディアが、この判決に噛み付いた。それは、香港の独立した司法に対する挑戦であり、裁判官に党への忠誠と政治的忖度を求めるものだった。それが「法の支配」の名の下に行われたのである。

検察が、何がなんでも僕を起訴しなければならないと感じていたというのは残念なことだった。僕は常習犯ではないし、僕が自由でいることが公共の脅威となるわけではない。さらに残念だったのは、検察が、第一審の判決に控訴したことだ。ジョシュア・ウォン（黄之鋒）、アレックス・チョウ（周永康）、そして僕の三人は、僕が立法会から追放された一カ月後の二〇一七年八月、高等裁判所（高等法院）で評決を受け入れるよう求められた。当局は、権威主義政権によく知られている法的な三段攻撃を用いていた。

一、警察による逮捕、勾留、取り調べ。
二、証拠が不充分でも、法律や公共の安全をほとんど考慮に入れることなく、検察が起訴する。
三、裁判所に対して（可能であれば司法制度そのものに対して）、判例を犠牲にしてでも政治的判決を下すように圧力をかける。

二〇一九年に香港警察は、二〇一四年の民主化運動の発起人である九人全員を刑事起訴に持ち込んだ。その中には七五歳の朱耀明牧師も含まれる。全員が自発的に警察に出頭し、法の下で自分たちの行動の責任を負う覚悟を示した。五年経過してから、植民地時代の遺物でこれまでほとんど使われることのなかった公的不法妨害を適用することに決めたのは、社会を守るためではなく、罰を与えるためであろう。そもそも投獄の目的とは何だろうか？　法律に基づいて誰かを訴追する方法を見つけ出したところで、それによって訴追が正当化されるわけではない。「法の支配に必要とされるのは、なぜその法律が作られたのか、誰のために作られたのかを理解することである」という僕たちの主張は、このことを指している。

法文化への深い理解に基づいて、専門的に運用される優れた制度であっても、崩壊する可能性はある。法の支配を築くには一世代を要するが、書類の上にまだその手続きが書き残されていたとしても、もし人々がその意味を忘れてしまえば、一世代のうちに解体してしまう。民主主義の保護がなければ、法の支配は、移ろいゆく砂の上に築かれた砦に過ぎない。どんなに堅固に見える砦であっても、それは日ごとに土台から崩れていく。

法制度は、個人を強者による抑圧から守るためのものだ。権利を、利益よりも優先させるためのものだ。「政治に関わりさえしなければ何も問題ない。いままで通りで大丈夫」と主張する人は大勢いる。香港でビジネスや投資に関わる人の多くは、こういうセリフを言いたがる。だが、政治に関わらずにいられるのは、自由社会の贅沢なのだ。中国共産党の下では、何が政治的で何が政治的でないかの境界線は一夜にして変わってしまう。このことは、中国で最も成功したビジネスリーダーの多くが、思い知らされている通りである。

北京は「法に依る支配（rule according to law）」について好んで口にする。中国共産党は、他の権威主義政権と同様に、法制度を政権の延長と見なしている。彼らにとってそれは、自分たちの政治的利益のために設計され適用されるべき道具なのだ。数十年前に中国共産党は、香港市民と国際企業の信頼を維持するために、法の支配および独立した裁判所を壊さないという戦略を採用した。しかし、もはや中国は、司法の独立という隠れ蓑を必要としていない。なぜなら、彼らは今、経済力と政治力に自信を持っているからである。

誰がために法はある

多くの人と同じように、幼い頃から僕は、法律を守るように教えられてきた。法律が、善いことと悪いことの境界線を定めているのだと教わってきた。裁判という制度があるのは、一線を越えて間違ったことをした人を罰するためだった。法律によって社会の安定が維持されるから、僕たちは平和に暮らせるのだと教わった。

このような法律の理解は、子供にとっては良いものだろう。子供たちが道を踏み外すことのないよう真っ直ぐに導いてくれる。しかし「あれをしなさい」「これをしてはいけません」と教わるだけでは不充分になる時期がやがてやって来る。その時期が来れば、理性的に考えることが重要になる。僕たちは、法律がそのまま正義に等しいわけではないと理解し始める――法律は、正義を達成するための手段であって、目的ではないのだ。ではもし政府が、正義とは別の目的のために法制度を利用することを決定したら、どうなってしまうのだろうか？

批判的能力が養われていくにつれて、このような問いが自ずと湧き上がってくるはずだ。僕たちは、法律を、石に刻まれた掟の集合としてではなく、人間によって作られた、様々な形態や機能を持つ制度として捉え始める。こうした探究を続けるうちに、「正当な法律」と「不当な法律」、そして「法の支配」と「法を利用した支配」を区別できるようになる。法律が完全なものではないこと、また、正義とは理想であり、すべての理想がそうであるように、どんな世代もそれを守るために闘わなければならないのだということを、理解するようになる。どれほど優れた法制度であっても、高額な費用や、裁判の長期化、裁判に影響する制度的欠陥などのために、正義を実現できないことがあるのを僕たちは知っている。しかしたとえそうであっても、不完全な制度と、本質的に不当な制度（多くは意図的にそう設計されている）とを、区別することはできるはずだ。

残念なことに、世界中の多くの国に、不当な法制度が存続している。例えば、タイの不敬罪（正式には刑法一一二条）は、民主化運動家を含むタイ王室への批判者を訴追する目的で、戦略的に乱用されている。この法律は、タイ王室に対する批判、侮辱、中傷を禁止している。同様の法律は他の多くの国にも残されているが、ほとんどの国家では象徴的なものとして扱われ、行使されることは少ない。適用が検討される場合でも、現行の道徳観の範囲内で、法律で保護されている他の権利と整合性のある形で適用されるのが普通である。

二〇一四年、選挙で選ばれたタイの政府が、軍事クーデターによって倒された。軍事政権は、二〇一六年に憲法草案を成立させた。軍の代表が、タイの上院の全議席を占めており、政府の最も重要な役職をすべて支配している。

現在のタイ国王、マハー・ワチラロンコーンは非常に評判が悪い。彼の行動は、好意的に表現するならば、エキセントリックなのである。主にドイツに住んでおり、タンクトップよりひどい服を着て側近とサイクリングしているところを写真に撮られたこともある。愛犬のフーフーに制服を着せて、空軍大将として公式行事に連れて行ったこともあった。四回結婚し、三人の女性との間に、七人の子供を儲けたとされている。侍女から三番目の妻となったスリラスミの両親を、自分との繋がりを悪用したと言って投獄した。彼の行動も態度も、自国民に関心がないことを示している。だが、タイは立憲君主制をとっており、王室は依然として政治に大きな影響力を持ち続けている。実際には、国王が軍事政権を祝福し信託を与えたのはやむを得ないことだったのかもしれない。しかし、そうすることによって国王は、かつてタイ国民が享受していた多くの市民権を後退させる軍事政権による改革を正当化し、タイを権威主義へと着実に移行させたのである。

まず、民主化を支持していた新未来党を解散させる裁判所命令が出され、抗議運動が広がった。人々が要求したのは、軍部が支配する議会の解散、新憲法の起草、そして王室に対する監視強化だった。これに対して王室と軍事政権は、容赦のない報復を行った。そのとき手段として使われたのが「不敬罪」である。

裁判では、推定無罪の原則は認められず、保釈はたいてい却下された。法律の名の下に、人々は国際人権法に反して恣意的に逮捕され、勾留された。一つの犯罪に対する罰則は、三年から一五年の禁錮刑である。ある逮捕者は二九件の違反で起訴され、八七年の禁錮刑の実刑判決を受けた。しかし、彼女は罪を認めたので、刑期が四三年に減刑された。[35] 彼女の罪というのは、王室への侮辱と見なされた動画をインターネットに投稿したことである。

二〇一四年の軍事クーデター以降、タイでは不敬罪によって九八人が起訴された。二五歳の工学部学生で民主化活動家であるパッサラワリー・タナキッウィブルポンの言葉を引用したい。

私は恐れません。この法律の発動が、私たちを抑圧するための政府の計画であることは分かっています。

この法律を利用するのは不当だと思います……王室が政治に関与することに対する多くの批判があるのに、人々が真実を語る自由を妨害しているのです。

このような抑圧にもかかわらず、人々は抗議を続けている。香港でも同じように、そしてミャンマーからシリア、ベラルーシからトルコまで、権威主義が台頭する世界の他のどんな場所でも同じように、抑圧が強まるほど、不満と怒りは深くなっていく。目立たぬように身を隠す者もいるだろうが、不正義に対する憤りは心の奥底で燃え上がる。トーマス・ジェファーソンが指摘したように、不正義が法になれば、抵抗が義務になるのである。

二〇二〇年八月、法がいかにして崩壊していくか、そしてそれに抵抗するときに頼みになる人間精神がいかに深いものであるのか、僕はあらためて気付かされた。中国の王毅外相とドイツのハイコ・マース外相の会談に抗議して、香港で起きた最近の出来事への注意を促すために、僕はベルリンにいた。何人かのジャーナリストに、身の危険を感じているかと聞かれた。ロシアの野党指導者、弁護士であり汚職撲滅運動家でもあるアレクセイ・ナワリヌイが、当時、僕の泊まっていたホテルからわずか数ブロック先の病院で、生死の境をさまよっていたのだ。彼に盛られた禁止薬物は、彼がロシアによる被害者であるということを示唆していた。

僕は記者たちに、「自分も標的にされる可能性は否定できないが、もはや恐れてはいない。ただ危険に気付いているだけだ」と答えた。法を尊重しない（そして一般良識に制約されない）独裁国家に指名手配されていれば、それは起こり得ることだ。中国政府が定義する「国家の敵」として、常に脅迫と威嚇の影で人生を送ることを、僕は受け入れている。亡命したとしても危険は続く。ロシアも中国も、主権を尊重せずに、外国から人を誘拐してきた前科がある。

ナワリヌイは、回復するや否やロシアへの帰国を決めた。飛行機が着陸した際、一層危険な環境に身を置くことに驚いている報道陣に対し、彼はこう言った。「私は自分が正しいことを知っている。私は何も恐れない」。その直後、彼は執行猶予の条件に違反したという理由で逮捕され、起訴された。

昏睡状態に陥り他国で救命治療を受けていた者を、執行猶予の条件を満たさなかったといって投獄することがどれほど不条理に見えようとも、プーチン政権はそれを実行に移すと決めた。二〇二二年二月、モスクワの裁判所は、執行猶予付きの判決を覆し、さらに二年半の禁錮刑を言い渡した。

このとき法廷でナワリヌイが語った言葉は、ロシアの国境を越えて世界中で共鳴するものだった。

この裁判全体を通して重要なことは、私の身がどうなるかではありません。私を牢獄に閉じ込めることなど簡単です。……最も重要なことは、何のためにこんなことが行われているのか、ということです。この裁判は、大勢の人々を威嚇するために行われています。一人を投獄することによって、数百万人を恐怖で震え上がらせようとしているのです。……無法と暴政が政治システムの本質となったとき、こうしたことが起こります。これは恐ろしいことです。しかし、無法と暴政が、検察官に扮し、裁判官のローブをまとっているということは、さらに恐ろしい。……あなた方に逆らい、こうした法律に逆らうことは、すべての人にとっての義務なのです。[36]

一見すると何でもない普通の法律を使って、政治的迫害をカモフラージュするという手法は、多くの権威主義国で長い歴史を持っている。もともと腐敗しているシステムにおいては、ナワリヌイのケースのように汚職で起訴するのは、たやすいことだ。中国でも、汚職は政治的ライバルを粛清する口実になっている。納税の「不正」によって、ビジネスパーソンは攻撃される。被害者の評判を徹底的に貶めるために、また、一般大衆の原初的な嫌悪感を掻き立てるために、何らかの性的逸脱が付け加えられることもよくある。中国独特の犯罪である「騒動を引き起こした罪」は、規則に従わない芸術家、陳情者、弁護士を逮捕するのに好んで使われる。被告人に自白を強要し、彼が「本物の悪人」であることを一般大衆に「証明」するために、国家安全機関が用意した台本を読み上げさせた映像が、国営テレビ局で放送される。こうしたことは、法の支配する自由社会で育った人々にとっては、忌まわしいことだと感じられるはずだ。香港の人々にとって、それは実に忌まわしいことであった。

法の背後に目を向ける

政治的議論において「法と秩序」という言葉は、しばしば法執行と法制度に関連して考えられている。この言葉は、法律が正当なものであることを前提とし、また同時に、裁判所が純粋に法律に基づいて判決を下しており、警察が疑問の余地なく法律を執行しているような、よく機能する法体系であることを前提としている。しかし現実には、法律は必ずしも正当なものではなく、正義そのものも僕たちの価値観の変化に応じて進化していく。法律は文脈の中で理解され、適用され、執行されなければならない。

法律を見直し、成立させるには、有能で責任ある立法者が必要である。法律が適切なものであるためには、それをアップデートしていく必要がある。最近では世界中で新しいテクノロジーが、法律の機能の仕方、および、僕たちの権利を守るための新しい法律の必要性について、再検討を迫っている。法律は完璧ではない。だから、法律を正しく適用するために、僕たちは疑問を持つこと、そして、必要とあらば異議を唱えることをためらってはならない。

違法集会で有罪判決を受けた際、最初は社会奉仕活動を言い渡された。しかし、検察が控訴した結果、僕の判決は禁錮刑に変更され八カ月の実刑判決が下った。その後、僕はさらに上訴して、ついに釈放されることになったが、それはすでに二カ月間服役した後だった。友人のジョシュア・ウォンの場合と同様に、検察がやろうとしていたのは、起訴（プロセキューション）を利用した迫害（パーセキューション）だった。

香港はすでに一線を越え「法を利用した支配」への道をまっしぐらに進んでいた。裁判所の判決が、憲法の政治的な解釈変更によって覆されてしまうのならば、司法（ジャスティス）は、香港の裁判所ではなく、北京の政治局にあるのだ。法律は、政治権力と分立した存在ではなくなり、チェック機能を失っていた。

北京は、内部昇進制度を監督することで、事実上、高位の裁判官の任命をコントロールしている。裁判官に対して愛国者であることを要求し、法の支配と憲法にではなく、中国共産党と中華人民共和国に忠誠を誓わせている。弁護士や裁判官を脅迫することも、国営メディアで公然と裁判官の判決を批判することも、問題なしとされている。これらを合わせて考えてみると、彼らの行動は合点がいくようになる。

中国は、習近平国家主席の指導の下で、共産党が法の最終的審判者であり、すべての司法権の源泉であった時代へと再び向かっているのだ。法システムは、独立した裁判制度ではなくなり、政治イデオロギーが優先される党中心の制度に逆戻りした。習近平は二〇一八年八月の演説で、中国は決して西側の「立憲主義」、「三権分立」または「司法独立」の道を歩んではならないと党員に語った。習近平はその後、中国の法のあり方、すなわち「法治（fazhi）」について次のように説明している。

我々は、法律の武器を手に取り、法治の高台を占領し、破壊工作員や妨害者に否と言わなければならない。……我々は、党に忠実、国家に忠実、人民に忠実、そして法律に忠実な「社会主義法治工作部隊」を作り上げなければならない。

香港の最も優れた法律家の一人であり、法曹界代表の元立法会議員のマーガレット・ン（呉靄儀）の言葉には、重要な教訓が含まれている。この七三歳の弁護士は、違法集会参加罪で判決を受けて減刑を求める際に、次のように語った。

基本的権利を否定する法律を裁判所が適用すれば、裁判所に対する信頼と、司法の独立が揺らいでしまいます。たとえそれが法律そのものの欠陥であり、それを適用した裁判官の過失ではないとしても、やはり、法の支配の根幹が危うくなるのです。このことを心に留めておかねばなりません。

僕はまだ、自分が有罪判決を受けた犯罪者であるということに違和感がある。子供の頃、犯罪者であるということは、悪い人であるということを自動的に意味するのだと思っていた。しかし、人間が作る他のシステムと同じように、法律にも欠陥はあり得るし、それを作り出した人々の関心を反映した機能しか持たないのだ。法の目的は、社会全体の人々が公平に扱われるように、権力に制限を加えることであるべきだ。もしそうなっていないのであれば、それはなぜなのかと、僕たちは疑問を提示しなくてはいけない。

第五章　偽情報と分断

権威主義が台頭している。今日の権威主義政権は、かつてないほど野心的で、世論に対してより大きな支配力を行使できるようになった。テクノロジーによって僕たちは自由になれるとかつては期待されていたが、現実には、その逆のことが起きてしまった。選択肢が増えたからといって、真実に近づくことができるわけではなく、かえって状況が混乱し、最も信頼できる評判の良いニュースや情報源の影響力が弱まることになった。

中国では、情報がますますコントロールされるようになり、パラレルワールドの如き現実が作り出されている――それは人民の利益ではなく、共産党の利益にもとづいている。その世界における事実は、発見されるのではなく、政府の公式見解を裏付けるために創り出される。それゆえ、南シナ海の島々についての中国の最近の主張（戦略的に重要なこの航路のほぼ全域を中国が領有しているという主張）は「議論の余地のない」「歴史的」なものとして提示される。だが現実世界では、そのどちらでもない。[37]同様に、香港の平和的な抗議行動は暴動として提示され、地元住民の筋の通った苦情が外国勢力による陰謀であるかのように仕立て上げられる。

新疆では、一〇〇万人以上のウイグル人が、彼らの意思に反して拘束されている。彼らは文化の存在だけを理由に迫害されているエスニック・グループで、北京が「再教育キャンプ」と呼ぶ施設に収容されている。当初、北京は監禁を一切否定していた。その後、それを否定し切れなくなると、中国の行っていることは道徳的であり、誇らしいことなのだという主張に切り替えた——今では、「再教育キャンプ」にいるのは、脱過激化と職業訓練のための自発的な参加者であると主張している。開かれた社会の方こそがレイシストであり、資本主義的抑圧の犠牲者なのだと、中国は愚弄している。報道機関、メディア規制機関、裁判所などの自由で独立した諸機関は、中国の描き出すところでは、国家統制下の諸機関と何も変わらないのだ。

北京はもはや自国の利益を守ることだけを目指しているのではなく、権威主義が自由民主主義よりも優れていると、世界中の人々に信じ込ませることを目指している。しかし、多くの点で、西側諸国の価値観はおろか、自国の価値観にさえも従っていない。アメリカやイギリス、西ヨーロッパの多くの「資本主義」諸国では、少なくとも高校までの公教育が無料であるのに対し、「社会主義」中国では、政府は中学までの学費しか負担していない。多くの家庭が、塾代やその他の学費を負担しなければならず、その支出は世界でもトップクラスである。その結果、中国の労働年齢人口の七六％が高校を卒業していない。この「共産主義」国家は、国民全員を養うことに注力するどころか、世界で最も超資本主義的かつ競争的な社会になっている。

中国のジニ係数（不平等をゼロから一の範囲で表す指標）は、世界で最も高いレベルにある。公式には〇・四七であり、これはアメリカに匹敵する。ヨーロッパの主要国の中で最も不平等なイギリスのジニ係数は〇・三五である。ドイツは〇・二九であり、世界で最も平等な国であるスロベニアは〇・二四だ。

中国では、上位一%の人々の有する富が、下位五〇%の人々の富を上回っている。しかし、中国のデータは信頼性が低いことで有名であるから、汚職のレベルや規模を考慮すると、実際の数値はもっと極端に高い可能性がある。二〇二一年二月、習近平国家主席は「中国は絶対的貧困をなくした」と大々的に宣言したが、ほどなくして李克強首相が、中国には月に一四〇米ドル以下で暮らす人々が人口の四〇%に当たる六億人以上いると述べたことによって、その傲慢さに釘を刺されることになった。

同様に、中国の外交官や国営メディアは、西側自由民主主義は本質的に帝国主義的、人種差別的、性差別的であると公然と非難している。だが、世界経済フォーラムが発表した「グローバル・ジェンダー・ギャップ・レポート二〇二一」において、中国は一四四カ国中一〇七位だ（このレポートでは、経済、政治、教育、健康など様々な基準で男女格差が評価されている）。中国の女性の収入は男性の同僚より約二〇%少なく、大卒の女性の八〇%以上が就職活動で男女差別に遭ったと報告する。女性の生殖に関する権利（リプロダクティブライツ）でさえも政治的に扱われており、結婚や出産を望まないという人は、中国の国益に反する行為をしているものと見なされる。

中国では、仕事やサービスの求人で、あからさまに人種や性別が指定されることはありふれている。国の主催するフェスティバルに、黒塗りメイクや、その他の不快な人種的ステレオタイプが登場する。また、黒人が洗濯機の中に落ちて洗われ、色白の魅力的な中国人男性に変わるという全国的な広告が、下世話な主婦たちに大受けしている。二〇二〇年には、アパルトヘイト時代の南アフリカを彷彿とさせるカラーバーが、中国の広州市内全域に設置された。黒人は、病院、ホテル、スーパーマーケット、商店、食品店に入ることを拒否され、エスニシティを理由にCOVID-19の隔離と検査が強制的に行われた。[38]中国のソーシャルメディアには、世界の他の場所と同じくらいに悪質な人種差別的コメントが毎日投稿されるが、西洋とは異なり、また中国政府の検閲や管理にもかかわらず、これらのコメントはそのまま掲載されることを許され、問題視されない。人種差別、性差別、その他のあらゆる形態の差別について、謝罪はおろか、照会も調査も行われない。中国には、人種差別や性差別を取り締まる法律が存在しない。なぜなら、中国が言うには、これらは西側の問題であるからだ。北京によれば、これらの問題は「西側メディア」の嘘なのである。[39]

同様の例は他にも数え切れないほどあり、もはや「意見の不一致」として済ますことのできるレベルではない。現実に対する戦争が行われているのだ。中国やロシアなどの台頭しつつある全体主義国だけが、この戦争から利益を得る。一方、西側の民主主義諸国においても、その内部にまで戦線が引かれている。体制への抵抗が、単なる誤りとしてではなく、道徳的に許されざることとして描き出されるようになってきた。香港の事例や、僕の個人的経験から、これがいかにして社会を引き裂き、意見を分極化させ、憎しみを掻き立てるのか容易に想像できる。誰もがそれぞれ人生の違う道を歩んでいるが、そうだとしても、僕たちは同じ社会の中で生きていかなければいけない。その社会には、少なくとも聞かされたことを信じられるだけの説明責任と、お互いの目を合わせられるだけの信頼が必要とされる。

別れ道

二〇一七年、立法会総合ビル入口のセキュリティゲートを通ろうとした時、僕は昔の同級生にばったり再会した。当時、僕はまだ議員をしていて、自分のオフィスに向かう途中だった。彼女はフォーマルな装いをして、公務のためにビルから出るところだった。

ゲート前の警備員が、僕の名前を呼んで挨拶をしてくれた。その名前を聞いて、彼女は反射的に顔を上げた。彼女が僕に気づいたことが、その瞬間、彼女の目の光から読み取れた。旧友との再会を喜んで僕は笑顔で会釈した。だが、僕と知り合いであるということは、彼女にとってきまりが悪いことだったのだろう。ぎこちない笑顔を作り、彼女は急いでビルから出て行った。まるで僕と目が合ったことから逃げるようにして。

彼女の反応に、僕は驚かなかった。悲しいことに、それは今やあまりにもありふれているのだ。香港では政治が人間関係に影響を及ぼし、権力者に味方する者たちは、自分たちに従わない者を、社会の虫（バグ）けらだと見なすようになっている。

政治の道徳化（モラリゼーション）は、分極化（ポラリゼーション）をもたらす。ＥＵ離脱をめぐるイギリスの論争においても、党派性を強めているアメリカの政治においても、多くの人がこのことを感じているはずだ。どのように問題を理解し、それをどう解決していくかということに関して、意見の不一致があること自体は健全なことだといえる。民主的で自由な社会では、どんな立場の人も発言権を持ち、権力が独占されることはない。時の政府が期待に応えてくれない場合であっても、その理想は、システムを精神的に規定し続けることができる。

しかし、政治的な分断が、道徳的に越えてはいけない一線を越えたとしたら、何が起こるだろうか？僕たちの迫られる選択が、共通の問題に対する多様な解決案の選択ではなくなり、実存の状態をめぐる選択になったとしたら——自由で開かれた社会か、閉ざされた独裁的で抑圧的な社会か、どちらを選ぶのかという選択になったとしたら、何が起こるだろうか？

あの日の再会が記憶に残っているのは、出会った場所のためでもあるが、僕たちがかつて多くの共通点を持っていたからでもある。僕たちは似たような境遇で育ち、交友関係も重なっていた。香港での経験も、中国との繋がりも似ていた。

だが、僕たちはその後、まったく異なる道を歩むことになった。大学時代、僕は政治アクティビズムへの一歩を踏み出し、問題意識を共有する仲間と共に立ち上がり、大切な約束のために闘っていた。一方、彼女は学生時代に親北京派に雇われ、トレーニングを受け、彼らの間で期待の星となっていた。彼女も僕も、それぞれの場所で脚光を浴び、指導的な役割を担うようになっていたが、僕たちの政治的な歩みは、互いの姿を鏡に映し出すかのように対照的だった。

あの日、目が合った瞬間に、僕の知る昔の彼女を思い出した。彼女は、課外イベントの企画や、新しい友達作りにとても積極的だった。野心家で、成功者としての自己イメージを築き上げたがっているように見えた。そのために彼女は、僕とは反対の陣営に立ったのかもしれない。体制側につけば、成功者になるための巨大なチャンスと財産が手に入るから。

あの日、彼女のしぐさから、良心の葛藤を見て取ることは容易だった。しかし、中国が言うところの「実用主義的」な決断をするために良心を捨てることを奨励されるシステムの中では、ほんの小さな事で、僕も彼女のようになっていたかもしれない。僕たちのバックグラウンドは似ていたから、中国共産党の見解に沿った政治観を植え付けようとする力にも、同じようにさらされていた。僕たちは同じ学生団体に所属していたのだが、入会したときには二人とも、その団体の背景や目的をよく知らなかった。僕が入会したのは自分の視野と交友関係を広げるためで、当初はその団体の政治的傾向については考えもしなかったし、それを見抜くだけの知的能力も持っていなかった。その団体は自分たちを非政治的だと位置付けており、参加者が様々な活動を企画するためのリソースを提供していた。それでもすぐに僕たちは、その根底にある動機に気づくことになった。

僕たちはレクリエーション活動のほかに、「市民教育」という名の講演会や講座に参加するように求められた。当時、僕たちはあまり熱心に参加せず、適当に話を聞き流していた。そこで聞かされる話が、単純に、僕たちが地域社会で目にしてきた事と一致しなかったからだ。聞かされたのは、共産党は中国にとって良い存在であるとか、邪悪な外国勢力による苦難や争乱から中国を救ったとか、一九九七年に植民地支配から解放されて香港中が喜んだとかいうようなことばかりだった。また、世界は中国と競争しており、中国を封じ込めて屈辱を与えようとしているのだと聞かされた。そうした話は、単純に、僕たちの家族が記憶したり感じたりしていることと食い違っていた。僕たちに提示された中国のイメージは、僕たちが直接見聞きしてきたことと矛盾していたが、それでもそのイメージは、出来事を理解する際の枠組みを与えようとするものだった。僕と友人にとって重要だったのは、むしろ、グループの一員としての仲間意識であり、それが社会的にも物質的にもインセンティブを与えてくれるということだったので、僕たちはただ流れに身を任せていた。

学生や若者を集めて課外活動やレクリエーション活動を行うこともあったこの団体が、中国共産党の支配下にあり、統一戦線の一翼を担っていたということを知ったのは、もっと後のことだ。指導者は全員、親北京派の政治家だった。世論を形成し、忠誠心を養うということだけでなく、親北京派の新しい人材を確保することも、彼らの任務の一つだった。

彼女は当局に目を掛けられ、抜擢されて大きな仕事を任されるようになった。僕はそうならなかった。しかし、もし僕が目を掛けられて、彼女のように誘われていたとしたら、僕はどうしていただろうか？あの頃の僕は、今ほど政治意識が高くなかったから、どうしていたか分からない。当時は、あの団体の正体について認識不足で懸念を持っていなかった。ときどき、なぜ僕は選ばれなかったのだろうと思うことがある。当局は、僕のどこを見て除外したのだろう？　僕は、友人よりも気が利かなかったのだろうか？　それとも、リーダーシップに欠けると評価されたのだろうか？　彼らが大切にしている忠誠心や献身的な態度に欠けていたのだろうか？　あるいは、誘いに乗るほど「実用主義的」ではないと思われたのだろうか？　僕の無口で内気な外見の下にある反抗心や、何が正しくて何が間違っているかということについての頑固さを見破ったのだろうか？

そして、もし僕が選ばれていたら、彼らは何を約束したのだろう？　僕の家族はそれをどう思っただろう？　原則よりも安全性を優先させたのだろうか？　良い息子でありたいと願っていた僕は、家族にとって正しいことをしようとして、それを受け入れていたのだろうか？

親北京派の議員たちが、高額報酬の政府の仕事を約束することによって、政治アシスタントを誘惑することはよく知られている。僕の友人にも、就職面接でそのような誘いを受けて、それを断った人がいる。「胸を張って生きていけないし、友達の目をまっすぐ見れなくなってしまう」と、彼女は断った理由を説明した。しかし、こうした誘いを受け入れれば、経済的な安定を手に入れ、ビジネスエリートたちとの人脈を築けるため、家族全員に大きな変化をもたらせる可能性がある。民主主義の政治が、公平さと機会の平等を支持するのに対して、香港の支配者層は（親北京ならば親共産主義のはずだが）、「関係（guanxi：グワンシ）」の名の下に縁故主義を受け入れている。

追放の身にある僕は、故郷から切り離され、家族との連絡すらあえて断たねばならなくなった。もしかしたら、実用主義的な選択をしておくべきだったのではないかと考えることがないわけではない。しかし、過去の自分の選択についてあれこれ考えてしまうとはいえ、実のところ僕は、自分の歩んできた道を後悔していない。後になって振り返れば、いくつかの決断は誤っていたと分かることもあるが、しかし、自分自身に対して、また、自分が知っていることと信じていることに対して、正直であり続けるという決断は、原則の問題なのだ。自由と民主主義の原則を信じるということは、真実の側に立つと決断することだ。問題なのは、多くの人々には、真実が何だか分からなくなってきているということである。

大学入学以来、僕はほとんどすべての時間とエネルギーを、アクティビズムに費やしてきた。香港の政治的混乱の真っ只中で生活することは、精神的にも肉体的にも過酷だった。世界が自分の周りで激しく渦巻いていれば、いともたやすくその嵐に飲み込まれてしまう。僕は燃え尽きてしまったように感じ、休息を必要としていた。

二〇一八年の年末、僕はいくつかの大学院に願書を出した。二〇一九年の逃亡犯引き渡し反対運動[40]が起こるよりも前のことだ。しばらく静かなキャンパスで学ぶ時間を僕は必要としていた。それによって一歩退くことにもなるだろうが、知的に成長し、自分の考えを成熟させる機会にもなるはずだった。

僕がアクティビズムから一歩退いたとしても、政治がなくなるわけでは決してない。北京は香港に干渉し続け、僕たちの自由を壊し、アイデンティティを蝕み続ける。悪いニュースが絶え間なく流れ続け、人々が努めて明るく振る舞っていたにもかかわらず、街の空気は沈んでいた。香港にいれば、その空気を感じないわけにはいかなかった。また、抵抗運動へと僕を引き寄せる、良心の強い力を感じないわけにもいかなかった。

自分自身に正直になり、自分の気持ちと、自分の限界を認めるのは大切なことだ。政治アクティビズムとは、日々、自分の行く手を遮る数々の問題と小さな闘いを続けていくことだけではない。目標と進むべき方向を見失わずにいることであり、戦略的に、長期的に考えるということでもあるのだ。僕たち自身の内にもその周囲にも、市民の権利と自由を不当に侵害するあらゆる行為に対して、退かずに前に出て抵抗するべきだという期待がある。また、あらゆる進展を追いかけねばならず、起こる出来事をすべて知っておかねばならないという感覚がある。しかし、時には一歩退いて、より大きな見取り図に目を向けるのも大切なことだ。

僕は留学の出願準備をしながら、成績と語学力の条件を満たし、必要なテストに合格できるように努力した。留学費用は僕には到底払えない額だったので、学校やコースについてアドバイスのみならず、出願手続きや奨学金について案内をしてくれる大学関係の友人たちに声をかけることができたのは幸運だった。

二〇一九年三月、アメリカのイェール大学で東アジア研究の全額奨学金を東アジア研究評議会から授与されたという朗報を受け取った。このような機会を与えられたことは光栄なことであり、僕はとても恵まれていると思った。イェール大学は素晴らしい大学というだけでなく、立地条件も理想的だった。ニューヨークやワシントンＤＣに行くのに電車でわずか数時間——そこには、香港で起きていることに対する国際的関心を高める活動をしている友人がいた。習近平政権下の中国が強硬的で権威主義的になるにつれ、この国際的な取り組みが、より重要な意味を持つようになっていた。僕も過去の訪問で、中国に対するアメリカの政治的見解が変わりつつあること、そしてそれが重要な変化であることを直感的に感じていた。

支援者や、同僚や、友人たちは、皆この知らせに興奮し、僕のために喜んでくれた。彼らは、僕に休息が必要であることを知っていたし、これは（親北京派の報道がそう印象付けようとしたように）僕が離脱するということではなく、必要な距離を置くことで闘い続けるために精神を充電し、装備を整えるということなのだと理解してくれた。ほんの数年前まで、海外留学なんて僕には考えられなかった。ましてやこのような世界的な大学で学ぶことなど、信じられないような機会だった。

だがこのオファーを受けてから間もなく、一連の予期せぬ出来事によって、僕はこの計画を考え直さなければならなくなった。二〇一九年六月、香港を発つ予定だった二カ月前、逃亡犯引き渡し反対運動が爆発的に広がり、まずはその規模によって、次にはその獰猛さによって、世界の注目を集めることになった。

二〇一九年二月一二日、香港政府は逃亡犯条例の改正案を提出した。これが成立すれば、誰であれ、中国本土、台湾、マカオからの逃亡者と見なされた者にとって、香港はもはや安全な場所ではなくなる。香港が、これらの地域とは引き渡し協定を結んでいないにもかかわらず、である。法の支配がなく、拷問、失踪、自白の強要が日常茶飯事である中国本土に、香港市民を引き渡す手段を提供することへの懸念があったにもかかわらず、立法会で過半数を占める体制派の支持を背景に、政府はこの改正を推し進めようとした。

活動家や、懸念を募らせた市民らが、一連の抗議運動を計画し、世間の関心は高まっていった。危険にさらされていたのが他ならぬ「個人の安全」であったということが、コミュニティをざわつかせた。香港人口の大部分を占める家庭には、かつて中国共産党から逃れて香港にやってきたという人や、中国の法律が本当は何を意味しているのか経験したという人、中国共産党の手によって家族を亡くした人などがいるため、その神経に障ったのである。

この法案では、囚人の引き渡しが行われる条件が定められていたとはいえ、その条件が守られるかどうかは、香港政府が中国からの要請に抵抗できるかどうかに完全に依存しているということを、人々が知らなかったわけではない。香港の役人が北京からの要請を断るなどとは、まったく想像もできないのだ。

わずか三年前、その前年に失踪した香港の書店で働く五人が、実は誘拐されており、出入境を越えて中国大陸に隔離拘禁されていたのだというニュースに、香港は衝撃を受けていた。この件は、香港当局には知らされてすらいなかった。引き渡しのターゲットにされるのは、民主化活動家なのではないかと、多くの市民社会団体が懸念することになった。反対意見を黙らせるには、標的にされるかもしれないという恐怖だけで充分である。実際、自白強要の後に香港への帰国を許された書店員の林栄基は、身の危険を感じて、四月に香港から台湾へと逃れた。

香港政府は、ある事件を引き合いに出してこの法改正を正当化しようとした。それは、香港の男が台湾へ旅行に出かけ、そこでガールフレンドを殺害し、そして香港に戻ってきたという事件だった。香港の行政長官キャリー・ラム（林鄭月娥）は、殺された女性の家族にとって正しいことを行うのは自分の責務であり、殺人犯が正義に直面できるようにできる限りのことをする、と感情たっぷりに語った。問題なのは、台湾政府からどのような協力を得られるか確認する公式のアプローチを、香港政府がまったく取っていなかったことだ。このことは、僕が五月に香港の立法会議員数名と一緒に台湾に行き、台湾政府当局者と話したときに明らかになった。台湾政府はさらに、当該事件の場合には、容疑者の引き渡しを可能にする別の協定を結べるということをハッキリと明言していた。香港居住者——香港に居住する台湾人も含む——を危険にさらしかねない逃亡犯条例の改正案を、台湾側も歓迎していなかったのだ。

香港政府が撤回を拒み、逃亡犯条例改正案は台湾での例の事件に関連しているだけだと主張し続けたため、論争が数カ月間続き、抗議へと発展した。香港政府は、北京がこの動きに関与していることを否定し、この法案が中国への身柄引き渡しを可能にするのではないかという懸念を、何度も軽くあしらった。政府が頑なに主張すればするほど、これは正義の問題ではなく、政治の問題なのだということが明白になった。ある憶測では、ラム氏がこのような戦略に出るのは、国家安全条例を議会で成立させることを求める北京の圧力から逃れるための時間稼ぎであるとされた。北京の求める国家安全条例が、香港市民にとって受け入れがたいものであることは、彼女も知っていたに違いないからである。

六月になると反対運動は、香港でかつてなかったほどの大規模な抗議行動へと発展した。六月九日、一〇〇万人以上の人々が平和的抗議のために街頭に出て、この夏に行われた三〇〇万人を超えるデモの最初の回となった。このときのデモが掲げていたのは、法案の撤回と、責任ある政府という、シンプルな二つの要求である。しかし、政府はこれに応じず、何事もなかったかのように六月一二日に予定通り法案の二度目の審議を行った。

翌週末の六月一六日には、香港の全人口七五〇万人のうち、推定二〇〇万人が抗議活動に参加し、世界最大規模のデモ行進を行った。これは香港の人口の四分の一を超える。もし物理的に可能であったなら、もっと多くの人々が参加したことだろう。このとき、香港が誇る世界クラスの交通機関が、その能力の限界に達していたのである。多くの抗議者が電車やバスを何時間も待ち、他の者は街をずっと歩き、集合場所にまで辿り着いた。このデモで抗議者たちが表明したのは、法案への反対だけでなかった。説明責任を果たさないばかりか、口調や態度がよそよそしくなり民意を拒絶する香港政府に対する、怒りが表明されたのである。

最初の二カ月間は特に重要な期間だったので、ほとんどすべてのデモに参加した。六月と七月には、僕は、人間性の海の中にいるような感覚にしばしば襲われた。そこには、あらゆる年代の、バックグラウンドも社会的地位も異なる様々な人がいた。高名な弁護士が露天商の隣を歩き、祖父母がその孫と参加していた。彼らこそは最高の人間性の持ち主だ。穏やかな尊厳を湛え、互いへの敬意を示しながら、共に抗議の行進をしていた。週末がすべて抗議活動に費やされることもしばしばあった。デモの集合場所に向かうため人々は朝早く家を出た。前日のうちに家を出る人さえいた。いつもなら一時間で歩き切る道のりも、数百万もの人々が道を埋め尽くしているとなると、デモ行進自体にも丸一日かかった。

僕はこの抗議運動を、主催者の側からも、また、参加者の側からも体験した。僕は仮設ステージに招かれて抗議者たちに演説した側の、数少ない一人だった。聴衆を集めて、運動を盛り上げるための支持を訴えた。また、その日の終わりには、僕は保護具を身につけた少数派「前線部隊」の側に立った。彼らは、緊迫した膠着状態の中で完全武装した機動隊と向かい合うために、安全帽とゴーグル、間に合わせのボディアーマーを身に着けて、催涙ガスから身を守るために傘とボトルに入れた水を装備していた。この時点では、数カ月に及ぶ抗議活動はまだ始まったばかりで、抗議者たちは自制を保つために最善を尽くしていた。政治的リーダーシップの欠如は、北京の信用できない言説と相俟って、やがてこの分担を相互憎悪の裂け目となし、独裁政権がよくやるように人々を互いに敵対させるだろう。しかし、僕が群衆を見渡したときには、困難な状況にある仲間たちに敬意を示そうとする人々の姿しか目に入らなかった。中産階級のデモ参加者は、しばしば大きな袋に食べ物や飲み物を入れて集会場にやってきて、他の参加者に無料で配っていた。抗議活動の最初の数カ月間、主要交通機関であったMTRの駅では、他の人々が移動できるように、硬貨や紙幣が切符販売機の上に置かれていた。電子決済のオクトパスカードではなく、現金で切符を買うことには、政府に追跡されるのを避ける意味もあった。人々は街頭でも、互いを無条件に助け合った。催涙弾が群衆に向けて発射されたとき、催涙ガスが人々を窒息させないようにデモ隊の前線部隊は、弾筒に駆け寄って水をかけて消して回った。彼らは、化学兵器が他の人々に与える害を軽減するために、文字通り自分の健康を危険にさらした。彼らは人間性の美しさを行為によって示したのだ。

予想できたことだが、市民の支持を得ることに失敗した北京と香港当局は、平和的抗議活動を暴力的な暴動として描き直した。法案の撤回を求める声が「反中国の分離主義」であると記されるようになった。僕たちの怒りと主体的行為は、外国の「黒幕」の干渉があるという想像によって誤魔化された。そして、積もりに積もった不満がついに暴力に転じると、北京はこの抗議をテロリズムだと断定した。抗議活動の穏健化に努めていた者たちが、暴力を扇動した罪に問われて迫害を受けることになった。

僕は香港での抵抗運動のために疲弊していたが、二〇一九年の夏に学んだのは、それが活力の源でもあるということだった。僕は香港を愛している。それは僕にとって「家」であるというだけに留まらず、僕にとってのすべてだった。僕は香港にいるとき、そこを香港人にふさわしい自由で開かれた多様性のある場所にするために、すべてを捧げたいと思わずにはいられない。二〇一九年の抗議運動と、そこから派生したリーダー不在の運動は、僕にインスピレーションを与えてくれた。僕に突出した役割があったわけではないが、ただこのコミュニティの一員であるというだけで生きている実感が得られた。たとえ一人でいても、自分のやることのすべてが集団の一部として感じられ、あたかも、知らない一〇〇万人が後押ししてくれているかのようだった。僕の貢献がどれほど限られたものであったとしても、僕はもっと大きな何かの一部であり、歴史を作っているのであり、しかもその正しい側にいるのだと感じることができたのだ。

八月になって、いよいよイェール行きの飛行機に乗るかどうか決断しなければならない時がきた。このような重大な時期に、たとえ一時的であろうと、香港を離れるのはとても辛いことだった。しかしながら、国際的な提言活動(アドボカシー)の必要性が増していることは明らかだった。僕たちは、聞く耳を持たない国に対してのみ責任を負う、話すことを忘れた行政への信頼を失くしていた。希望は、街頭での抗議活動だけでなく、国際的な圧力によって変化を促すことにあった。香港の外にいた方が、この運動を助け、何が起きているのかを世界に説明し、僕の仲間(ピープル)たちの声を届けることができる。状況が変われば、抗議運動も変わらなければならない。

国家主導の中傷キャンペーン

二〇一九年八月、僕は、大学院留学のためにアメリカに向かうこと、および、アメリカ留学中も国際的な提言(アドボカシー)活動に力を入れ、香港の民主化運動に従事し続けることを発表した。これにすぐさま北京が反応した。中国の国営メディアはこれを、僕が香港のことを気に掛けておらず、外国勢力と何らかの形で結託していることの、さらなる証拠であると決めつけた。これを裏切り行為と決めつけ、僕の信頼性を傷つけようとした。僕たちは、中国がとても敏感な国であり、くまのプーさんが「偉大な指導者」に少し似ているというだけで検閲を受けるほどであることを思い出さなくてはいけない。(プーさんとティガーが友達として一緒に歩いている画像が、かつては習近平とオバマの友情を象徴するものであったことは忘れられがちである)

国家の運営するソーシャルメディア・アカウントが、僕に対して謀略を仕掛けるようになった。僕は反中国的であり、「敵対的な外国勢力」によって操られ、暴力を煽り、分離主義を推進していると非難された。実際には、僕は暴力を煽ったことはないし、中国が約束を遵守すること以外の要求をしたこともない。香港市民には自分たちの未来を決める権利があるのだと主張することは、僕が自分の都市を愛していることの明確な証拠だ。それだけではなく僕は、中国人が民主的な権利を享受し、政府の責任を問えるようになるとともに、中国が自らを開放し、国際社会の尊敬される一員となることを望んでいる。

改革を要求することは、裏切りではない。それは気に掛けていることの表れである。中国と共産党を区別し、人民と政党、国と政権を区別したがために、僕は反中国的だと非難された。

香港の抗議運動は、香港というローカルな場所に特有の、極めて中国的な原因を持つ抗議であったが、北京は僕に関する話を利用して、それを中国に対する国際的陰謀の一部であるかのように見せかけた。香港で起きていることは、資本主義の西側が煽動したカラー革命であるという見解(ナラティブ)が押し出された。西側諸国、特にアメリカ（トランプ大統領ではなくアメリカの政治家やアメリカ国民）が「冷戦のメンタリティ」を持っていると中国国営メディアは非難した。香港の経済的・社会的不平等を利用して、西側が中国に対する新たな冷戦を仕掛け、若者の暴動を扇動し、それによって中国共産党がせっかく作り上げた調和的で豊かな社会を破壊しているというのが、北京の主張であった。

国際的な報道機関はこれに同調せず、北京の主張を報道しつつも、それには根拠がなく、現地記者の経験とも矛盾することを強調した。すると、彼らも西側の陰謀の一端を担うものと見なされるようになった。情報が厳しくコントロールされ異質な意見が徹底して抑圧される中国において、こうした新しい見解(ナラティブ)は驚くほど広まり、香港の親北京派の周辺においてもかなりの程度の成功を収めた。

ある友人は六月に、隣の広東省では、香港を公然とは支持しないまでも理解を示す声が聞かれるようになってきたと述べていた。伝えられるところに基づけば、最初のころ中国の人々は、どちらかの側につくことを尻込みしていたようだ。中国人の多くは香港に人脈を持っており、特に中国南部ではそうである。また、中国共産党の本性を理解している人も多い。しかし三カ月後、中国国内の世論は激しい敵意を見せるようになり、香港は愛国主義の問題になっていた。海外にいる香港人は、北京に焚き付けられた愛国主義的な中国人から、嫌がらせを受けるようになった。場合によっては暴行されることもあった。北京は情報統制を強化して、そして世論を煽るような物語（ナラティブ）を創り出した。中国共産党は、人々にどちらかの側につくように迫りながら、一つの選択肢だけしか与えなかった。

中国の政権は、これ以上ないほどに偽善的だ。彼らは、中国人には独立した思考と行動の能力が備わっておらず、人民は導かれるべき羊であると信じているようだ。もし羊飼いが中国共産党でなければ、彼らは西側諸国によって迷わされてしまうと信じているのだろう。もし共産党が善であるならば、共産党でない者と共産党に従わない者は必然的に悪でなければならないとでもいうのだろうか。人民に対する、これ以上に酷い侮辱はない。また、国際協力はおろか、国と国が互いを尊重し合うことを妨げる、これ以上に大きな障害はない。

僕を中傷するキャンペーンは、悪質で容赦なかった。数週間のうちに何百万ものスレッドが、フォーラムやソーシャルメディアなど、オンライン上に出現し、何億回も閲覧された。それぞれの小さな嘘が重なって、僕を欠陥のある信用ならない人物に仕立て上げていた。僕が経験したのは、表現の自由の悪い側面というようなものではない。実際、複数の調査報告書が後に示しているように、中国は、香港に関する自動化された偽アカウントのネットワークを積極的に構築し、中国国内だけでなく世界中に偽情報を広めていたのだ。[41]

僕は「小粉紅」の標的になっていた。それはインターネット上の中国の愛国主義者の軍団で、中国の敵とみなされる人々への荒らしを指示され、インセンティブを与えられている。この軍団が、僕のソーシャルメディアのアカウントに群がり、罵詈雑言の嵐を浴びせ、僕や僕の周りの人々を脅かした。彼らは、フォーラムやチャットグループにコメントを残し、偽情報を流した。特に中国人のコミュニティが標的にされた。北京は人々を誤解させ、僕たちのコミュニティを、僕たち自身に敵対させようとしていた。

僕がＣＩＡの訓練を受けていて、アメリカ政府から中国を転覆させるための資金を受け取っているのだと言い立てられた。また、深圳で祖先を祀る家廟が取り壊されて数億元の損失を被ったことが原因で僕は中国に反旗を翻したのだと言い立てられた（中国ではかつて、共産主義者が「古い中国」の象徴である家廟を破壊して、文化を置き換えようとした。しかし一九九〇年代から二〇〇〇年代にかけて規制が緩和されると、家廟を再建するために多くの家族が寄付をし、しばしばローンまで組んだ。中国共産党は今日、これを自分たちの成し遂げた功績であると喧伝している）。その他には、僕が友人や香港の人々を捨てて、欧米で贅沢な生活を送っているのだというデマもあった。このような話はあまりにもバカげているし、それが間違っていることを証明するのも簡単なことではあるのだが、中国だけでなく世界中にこの話を信じる人が大勢いたのだ。

中国ではメディアが統制されているため、国家主導の中傷は、何百万もの人々に対し、まったく事実と異なる性格、経歴、特徴を持った仮想的（バーチャル）ネイサン・ローを描き出すことができる。これは実に恐ろしいことで、多くの結果を招くことになった。アメリカにいたとき、僕は何度も命を狙われた。僕はそれを大学と地元警察に報告し、警察が独自に調査した。警察の追跡によって脅迫者が特定されたことを知らされたが、しかし、それでも僕は不安を感じざるを得なかった。特に、僕の居場所や個人情報が、脅迫者たちに知られていることが心配だった。自分が監視されており、人々が自分に危害を加えようとしていると、知りながら生きていくというのは耐え難い体験だ。今でも僕は不安を覚える。そして警戒を怠ることができない。これは、完全に慣れるということが決してできない類の体験なのだ。僕は、自分がまだ物理的に攻撃されたことがないという幸運に感謝せずにはいられない。そして僕の周りの善良な人々——信頼できる友人や仲間たち——彼らにも感謝せずにはいられない。

真実は誰のもの?

事実は客観的である。だが、その情報がどのように示されるのかは主観的である。これは自由社会ではよく議論されるテーマだ。複数の情報源を吟味し、中立的な立場を目指さなければならないという意見を一般的によく聞く。しかし、中国のように閉ざされた、説明責任を負わない国家統制下の環境からの情報を扱う際に、それを指針とするのは間違っている。

中国と、最近の香港においては、何が「事実」であるかは、何が起こったかではなく、政治的権威が何を語ったかによって決定される。「事実」がもはや真実を表さないとき、それを拒否することは正しい。片側には真実が存在しないのなら、両側を見ようとするのは間違いだ。僕たちは、事実を変えようとする者たちを警戒しなければならない。

二〇一九年七月二一日の夜に起きた凄惨な元朗襲撃事件を例に挙げよう。第二章でも言及した事件だ。元朗は、香港と中国本土との出入境に近い新界にある人口二〇万人ほどのベッドタウンで、市街地とは公共鉄道で結ばれている。元朗駅はターミナル駅として機能しており、ピーク時には乗客が肩を寄せ合うほどに混雑することも珍しくない。

その日、平和的な抗議活動を終えた抗議者たちは、電車で帰宅する通勤客に混ざって駅のコンコースから出た。そしてそこで、白シャツを着て、木の棒で武装している同じ格好の暴徒集団に襲われたのだ。暴徒たちは、北京に忠誠を誓う地元の宗族組織のメンバーで、三合会などの暴力団体において犯罪の前科があった。彼らはその日、事前に集まって、親北京派の有力議員ジュニアス・ホー（何君堯）の演説を聞いていた。また、北京の役人がその頃、その宗族の長たちと直接接触していたことも知られている。

この襲撃で、高齢者や幼い子供を含む少なくとも四十五人が重症を負った。警察の緊急ホットラインに何千もの電話が入り、地元警察署に助けを求める人々が殺到したにもかかわらず、警察の対応は良く言っても煮え切らないものだった。警察が勢揃いして駅に入ったのは、最初の緊急通報を受けてから三九分後のことで、加害者たちがすでに立ち去った後だった。そして、まだ駅の外には武装した犯人がいたにもかかわらず、また、目撃者が大勢いたにもかかわらず、警察は現場で誰も逮捕しなかった。

香港警察の対応は市民の期待に応えていない、という当たり前のことを口にしたことにより、香港政務司長マシュー・チャン（張建宗）は厳しく叱責された。苦情が殺到していたにもかかわらず、警察は独立した調査を求める声を拒否し、親北京派の管理下にある警察苦情処理独立委員会（ＩＰＣＣ）による内部調査だけを行うことに同意した。案の定、IPCCはこの事件を「ギャング同士の抗争」と断定し、事件の責任は被害者にもあるとほのめかした。

キャリー・ラム行政長官と香港政府は、この襲撃を非難する一方で、事件から目をそらすために、同じ日の夜に中連弁前で行われた周辺的な民主派抗議デモにおいて中国国章にペンキが投げつけられたことに注目させようと努めた。中連弁前では誰一人として怪我をしなかったにもかかわらず、彼女は、通勤駅で一般市民に対するいわれのない襲撃があったのを目撃した香港市民の感じている治安上の懸念を、あたかもデモ隊に対する恐怖であるかのように説明した。政府は、周辺的なデモを「暴動」と呼んで非難する一方で、元朗で起きた事件をそのように呼ぶことは拒否した。

この事件はすぐに香港電台（RTHK）が取り上げることになった。RTHKは、イギリスのBBCを手本とした独立性のある放送局で、二〇二一年に経営陣が入れ替えられるまでは最高のジャーナリズム基準で運営されており、その公平性には定評があった。RTHKは、その最も尊敬されているプロデューサーであるバオ・チョイ（蔡玉玲）に、あの日元朗で何が起こったのかを調査するよう依頼した。そして事件から一年後の二〇二〇年一〇月三〇日に「香港コネクション」（BBCの「パノラマ」のような調査報道番組）の放送回として、「七・二一　真実は誰のもの?」が放送された。

ドキュメンタリーでは、元朗駅での襲撃の四時間半前、午後六時には白いシャツを着て、棒で武装したマスク姿の男たちがすでに集結し、街の中心部をうろついていたことが映し出されていた。その多くは中国国旗を手に持っていた。この時すでに彼らは無差別に人を襲っていたようで、通行人を棒で殴るという事件が報告されていた。警察はこの状況を知りながら、この集団に立ち向かおうともせず、また彼らを追い払おうともしなかった。番組で紹介されたように、このとき襲われた一人の若いシェフは、近くのショッピングモールで勤務を終えたところだった。彼は、数人の武装集団に追いかけられ、激しく殴られた。重傷を負い、入院した。彼の方から暴徒を挑発したという形跡はない。

番組は、駅での襲撃が実際には二回あったことも明らかにしていた。一回目は午後一〇時半頃、二回目は警察が去った後の午前〇時頃。さらに、周辺地域の人々への襲撃もあった。

このドキュメンタリーは、香港政府や警察による主要な主張の多くと真っ向から対立するものだった。同じように武装した二つのギャング同士の戦いであることを示すものは何もなかった。実際のところ、なぜ犠牲者が狙われ殴られたのか不明瞭だった。襲われた人の多くは明らかに抗議者ではなく、帰宅途中のただの通勤客だった。誰も逮捕しなかった理由は「武器を持った者を誰も見なかったから」であるという警察の主張は、武装した白シャツの男たちと並んで立つ警察官の画像が出てきたことで、真実ではないと明らかになった。

暴力事件を、民主派のラム・チュクテン（林卓廷）議員に率いられた抗議者たちのせいにしようとした当局の企ても、証拠によって暴かれた。ベテランの政治家であるラム氏は、警察の腐敗防止監視機関である廉政公署（ＩＣＡＣ）の元調査官であり、立法府では冷静で穏健な存在として知られている。映像の証拠によると、彼が元朗に到着したのは襲撃事件が始まってすでにかなり経ってからで、介入したのは事態の鎮静化を試みるためだった。にもかかわらず、二〇二〇年八月二六日、政府は彼を「暴動罪」

容疑で逮捕した。

当局にとって最も大きな痛手となったのは、事件直後に、警察官が暴徒と親しそうにしている様子を撮影したビデオ映像だった。当然のことながら、多くの人は、警察は組織的犯罪集団と結託しており、宗族の「ボス」は、警察が彼らの行動に介入しないことを知らされていたのだと推測した。宗族と繋がりのある家族から警察官が採用されることは珍しくない。ある兄弟は警察に入り、別の兄弟は三合会に入るのである。宗族は、イデオロギー的な忠誠心を持っているわけではないが、中国共産党と手を組んできた歴史がある。ここ数年、特に習近平が権力を握って以降、宗族と三合会が、再び政治の道具として使われる事例が目立ってきた。新聞「明報」の元編集者ケビン・ラウ（劉進図）が白昼の都市の真ん中で、車から降りようとしたところを襲われ何度も刺された事件から、二〇一四年のデモの際、旺角で民主派抗議者に乱暴するために突然現れた元朗の宗族メンバー（そう、彼らはここにも現れた）に至るまで、悪い徴候は以前からあったのである。

元朗襲撃事件は、多くの人々が政府や警察に対して抱いていたわずかな信用さえも打ち砕いた。当局は不誠実というだけでなく、根本的に悪だと見なされるようになった。彼らはもはや、市民が抱いている理に適った真摯な懸念を、認めることさえできないようだった。それが事実からどれだけ掛け離れていようとも、彼らは北京の見解（ナラティブ）に固執し続けた。多くの人々は、元朗襲撃事件はテロリズムの基準を満たしていると考えるようになっていた。市民が尊重されるとき、信頼は、透明性と説明責任の上に築かれる。だが、そうではない場合、事実は押し付けられるだけで、信頼はただ要求されるだけだ。

バオ・チョイの調査報道は、ジャーナリズム界で批評家たちの称賛を受け、彼女のドキュメンタリー「七・二一　真実は誰のもの？」は権威ある金堯如新聞自由賞を受賞した。しかし、番組が放映された四日後の二〇二〇年一一月三日、バオは逮捕された。二〇二一年四月、彼女は元朗襲撃事件に関連して判決を受けた最初の人物となった。

ＲＴＨＫは、閉局するという脅しを受けながら、「新しい香港」のために改造されつつある。ＲＴＨＫのトップは政府官僚に交代された。政府を軽く批判していただけであっても番組が打ち切られ、コメンテーターは降板させられた。長年続いた風刺番組「ヘッドライナー」も終了した。他の番組のいくつかの放送回も「政治的な理由」という短い告知によって急遽放送が中止された。キャリー・ラム行政長官は現在、一日四回、週七日毎日放送される自分の番組を持っている。

現在でも香港警察は、元朗事件は民主化運動家によって引き起こされた「二つのグループ間の勢力の均衡した争い」であったと主張している。警察が現場に向かうまでの時間は三九分から一八分に修正された。これに異議を唱えるアカウントはすべて「フェイクニュース」であり、悪意のある外国からの干渉の結果だとみなされることになる。

嘘がすんなり受け入れられることはまずない。嘘がもたらす効果というのは、泥水を掻き混ぜて、混乱を引き起こすことだ。今日、香港では、信頼できる情報源からの膨大な証拠があるにもかかわらず、元朗で何が起こったかについて混乱があり、多くの事柄と同様に、市民は深く分断されている。

何が起こったかを覚えている人たちがいる。画面に映し出される襲撃の映像をライブストリームでそのまま観た人たちがいる。客観的な報道や、被害者の救済を仕事とするジャーナリストや市民団体の間では、まだ記憶が生々しい。ニューヨーク・タイムズ紙や、ウォール・ストリート・ジャーナル紙、ガーディアン紙や、テレグラム紙を読んでも、アルジャジーラや、ドイチェ・ヴェレ、フランス24からニュースを得ても、そこに描かれている事件のあらましは同じである。

他方には、声の大きな影響力を持つ少数派がいて、彼らは北京の言うことを信じている。元朗襲撃事件は、忠誠心のある地元愛国者と、暴力的な民主派抗議者という勢力の均衡した二つの武装集団が、互いを攻撃し合ったのだという見解を彼らは受け入れている。さらに、その暴力事件は民主派議員のせいである、と彼らは言うだろう。彼らは不都合な真実を遠ざけて、自分たちの偏見を裏付ける根拠のない陰謀論にしがみつく。

真実を確かめることは、まったく容易なことではない。事実は重要であるが、それを鵜呑みにすることはできない。僕たちは情報源を知る必要がある。ただ信じるのではなく批判的に考えるためにも、視点の違いと全くの嘘とを見分ける能力を養うためにも、情報源を知らなくてはいけない。中立的な立場を、ただ採用するというだけではいけないのだ。真実の側に毅然として立つということを、決して恐れてはいけない。そして真実を語ることを恐れてはいけない。

ソーシャルメディアであれ政治であれ、情報空間がクラスターごとに分断され「部族化」すればするほど、僕たちの批判の力は衰えていく。真実が今ほど重要であった時代はない。自由で率直で説明責任のあるジャーナリズムと、情報源を見極める僕たちの能力が、今ほど重要であったことはない。権威主義政権、そして、臣民としての忠誠を要求しながら僕たちを市民として尊重することを拒む者たちは、僕たちの無知や偏見、波風を立てたくないと願う心から、利益を得ている。市民社会が弱体化し、ジャーナリズムに対する信頼が低下するに連れて、彼らが力を増していく。社会の分断と、単純な答えへの欲求を、彼らは利用し搾取する。そしてカルトや陰謀論者のように、僕たちの盲目性を食い物にして、彼らが支配する現実、つまり、彼らの命令で黒が白に変わる現実へと僕たちを誘い込む。

中国の特色ある真実

権威主義の辞書では、「中国の特色」を持つと修飾された言葉は何であれ、中国共産党の都合に合わせてその意味を再定義されることになる。それは本来の意味と全く異なるかもしれないし、矛盾しているかもしれない。それは合理的であるとは限らず、有意味である必要さえない。要するに、何が合理的で、何が有意味であるのかということにさえ「中国の特色」を持たせることができるのだ。そのために中国の紛争は、インドやブータン、南シナ海など、国際的には国境線を越えていると認識される地域への侵犯行為であっても、北京によって「議論の余地のない」ものとして提示される。またそのために中国は、自国に関する言説の統制を世界中で試み、なおかつ台湾を承認しないように最も強硬な姿勢で他国に要求を出し、さらには海外での工作活動を取りまとめるために統一戦線工作部を公然と運営しながら、なおも依然として、自分たちの立場は内政不干渉であると主張することができるのである。現代中国は矛盾を抱えている。

中国共産党の統制は、国内のインターネット、メディア、そして社会的情報空間にまで及ぶ。中国共産党は、国家に従順に協力する中国の企業やサービス・プロバイダーとともに、独自のエコシステムを構築している。そこではプライベートなものが存在しないだけでなく、もし望めば、共産党がすべてをコントロールできるようになっている。プライベートなメッセージ、コメント、フォーラムは削除される。企業も製品も検索エンジンから削除される。オンラインショッピングのポータルサイトでさえ、政治的な都合に応じて、政権の意向に従わなければならない。このように、人々が見るもの、知るもの、議論できるものを規定する権力の集中によって、中国共産党は、自由で開かれた社会であれば考えられないような方法で世論を形成することができる。

中国の閉じた情報システムは、言葉や概念が、世界の他の地域で一般的に理解されているのとは掛け離れた意味を持つことを可能にしている。これは、共産党による言葉の定義に、公然と異議を唱えることができないためだ。また、開かれた社会において意味や理解を形成するオープンな意見交換の場に、中国の人々が接触することが許されないためだ。

二〇二〇年初頭、香港と台湾を含むテーマについて、中国の視聴者が（司会役のモデレーターがいるとはいえ）オープンに議論し、一般の香港人や台湾人と直接交流する試みが、オープンフォーラム形式の新しいアプリ「クラブハウス」を通じて行われた。中国の一般市民が、世界中の華人とのフォーラムを立ち上げて、それに参加した。そこでは、情報が厳しく管理された閉じたシステムの中で生きる人々と、自由に真実を探究する人々の間にある大きな理解の溝が示されたとともに、中国国内にも、他者と繫がってより良い理解を築きたいと願う人々が大勢いることが示された。中国共産党の言葉を借りれば、華人同士の「友好を促進」し「地球村の平和と繁栄」に貢献するために、これ以上に良い方法はないだろう。しかし、中国共産党への脅威となるような事件が起きたわけでもないのに、アプリの公開から数日で中国国内からのアクセスが禁止された。これは誰にとっても驚くようなことではなかった。問題はそこで何が話されたかではなく、中国人が何を聞くのかを中国共産党がコントロールできなくなるということにあった。

中国では、ニュースは情報を伝えるためにあるのではない。他のあらゆるものと同じく、ニュースもまず第一に党に奉仕しなければならない。すべての声は国家が監視する情報源を通じて流されるため、議論として認められるものは事実上、すべて演出されたものである。このように管理された情報の役割は、中国国民の考えを規定し、党への疑う余地のない忠誠と服従を促進し、それによって党の独占的な支配を確保することにのみある。

権威主義体制の問題点は、それが本質的に、説明責任と、秩序ある権力移譲のための手段を欠いており、そのために正当性を持ち得ないということである。野党や成熟した市民社会がなければ、政権が過ちを犯しても、それを正すことができない。だからそこには正義も存在しないのだ。体制が権威主義的になるほど、うわべだけの正当性を取り繕うことが重要視される。

二〇一三年、習近平国家主席は、中国共産党の「十二の社会主義核心価値観」を広めるために中国全土で大規模な宣伝活動を開始した。国家には「富強」「民主」「文明」「和諧」、社会には「自由」「平等」「公正」「法治」、個人には「愛国」「敬業」「誠信」「友善」が掲げられた。これらはどれも素晴らしい立派な言葉である。だが問題は、どんな言葉が書かれているかではない（中国憲法にも立派なことが書かれている）。問題は、中国共産党がこれらの価値をどのように理解し、どのように適用するか（あるいは適用しないか）ということである。つまるところマフィアであっても、殺人と恐喝をしているのではなく、忠誠と敬意を大切にしているのだと言葉では言う。

　僕のアクティビズムと政治は、特定の種類の自由民主主義を信じることによって定義されるだけではない。それは権威主義と、故郷に存在する極めて現実的な抑圧を、僕が認識し、拒否することによっても定義される。西側諸国の進歩的な人たちの、修正主義、微細な攻撃性（マイクロアグレッション）、歴史的過ちに対する繊細な感性には敬意を表したいが、僕にとってこれらは、中国に存在しているようなもっと巨大で絶対的な抑圧への対処を済ませた社会の問題であるように感じられる。僕の家族は、先進国やリベラルな国々には存在しないレベルの腐敗や、不正、不平等がある環境で育てられた。当局が真っ赤な嘘をつくということ、そしてその嘘に異議を唱えた人々を消したり拷問したりするということを、僕の家族は知っている。中国人というのは、中国共産党が支配する文化や社会の中で、巨大な不正を許容しながら、ただひたすら頭を低くして懸命に働くことに専念するように育てられるのだ。

　中華人民共和国の矛盾は、香港の人々にも理解されている。その政権は、言葉の上では少数民族の権利を保護しているが、文化的ジェノサイドを国策としている。憲法上は宗教の自由が保障されているが、宗教には国家の認可が求められ統制を受ける。そこでは聖書やコーランなどの宗教書でさえ、中国共産党の教義に沿うように書き換えられている。[42]

聖書の有名な一節（ヨハネの福音書八章七節）に、イエスの前に姦通の女が引き出され、彼女はその罪のために石打ちで殺されるべきか、と告発者たちが尋ねる場面がある。正統な翻訳であればどれでもイエスはこう答える。「あなたがたのうちで罪を犯したことのない者が、最初に石を投げなさい」。この言葉で、怒れる群衆は立ち去り、イエスは女に「行きなさい。これからはもう罪を犯さないようにしなさい」と言う。

中国共産党バージョンでも群集は立ち去るが、イエスは女に次のように言う。「私も罪人です。しかし、もし法律が非の打ち所のない者によってのみ執行されるなら、法律は死んでしまう」。そして、イエスは石を投げて、その女を殺すのである。このような改変は「赦し」という本来のメッセージを歪曲するものであり、多くのキリスト教徒にとっては、間違いというだけでなく侮辱的なものと感じられるだろう。しかし、これは中国に一億人いるとされるキリスト教徒が学ぶことを許されている唯一のバージョンなのだ。中国共産党が人々に学ばせたいことは、疑うことなく法律に従わなければならないということだ。なぜなら中国においては、共産党の言うことが、何であれ法律になるからだ。[43]

十二の社会主義核心価値観に書かれている言葉に反対する人はいないだろう。実際のところ、これらはすべて、香港の抗議活動の原動力となっている価値観だ。僕たちは、香港の富強、文明、和諧（繁栄、礼節、調和）のために民主による真の説明責任が必要であると信じる。社会が自由、公正、平等であるために法治が必要であると信じる。また、敬業、誠信、友善（勤勉、誠実、友愛）が、二〇一四年と二〇一九年の大規模な抗議運動で示されたことを信じる。

問題は、北京の手にかかると、これらの価値観が、本来とは異なる意味を持つようになることだ。「富強」はすべての人にとってのものではなくなる。「文明」と「和諧」は、批判も反対意見も許さないという意味になる。「民主」が一党独裁体制のことになり、命令されて全国人民代表大会で拍手し、投票し、発言することを意味するようになる。「法治」は、政治的道具のことになり、三権分立と推定無罪と人身保護請求権をいずれも否定し、拉致と暗殺、拷問と自白強要、反社会的勢力の雇い入れと非公式のいわゆる「闇監獄」の制度的な運営を意味するようになる。

北京の掲げた価値観によれば、北京は「自由」を大切にしているそうだが、それは何からの自由なのか？　何をする自由なのか？　生活のあらゆる場面において国家の介入を受け入れる自由。真実を知らされない自由。僕たちがどこに住み、どこに旅行するかを国家に管理される自由。国家がすべての情報を監視しコントロールする自由。僕たちの為すこと全てに賞罰を与える社会的信用システムを持ち、民間企業には機密性の有無を問わず全てを当局と共有することを要求する自由。この「自由」な国家は、防衛費よりも国内の「治安維持」に予算を費やしており、COVID-19 に対処する際には、人々を物理的に家の中に拘束することに何のためらいもなかった。

これらの社会主義核心価値観は、スターリンの「魂を設計せよ」という呼びかけに応じるイデオロギー的規律である。習近平にとってイデオロギー的規律は、さらなる権力強化の手段だ。鄧小平が中国を世界に開放し始めてから四〇年間、香港や世界中の人々が中国の台頭を祝福してきたのは、経済発展と中国の世界秩序への統合が進めば、より多くの自由と新しい考えへの扉が開かれるであろうという希望のためであった。しかし、習近平はそれを脅威と捉え、断固阻止すると決意している。

「九号文件」に、そのことが明記されている。この文書は、共産党と政府の幹部たちに「激しい戦いの遂行」を指示しており、その戦いの相手は、西側の立憲民主主義であり、中立的なジャーナリズム、普遍的人権、市民社会といった理念であり、歴史虚無主義（中国共産党のイデオロギーもしくは、習近平が勝手に決めた歴史から、距離を置いて独自の歴史観を持つこと）である。[44] 中国式「民主（minzhu）」は、彼らが軽蔑的に呼ぶところの「投票民主主義」を拒絶する――それ以外の種類の民主主義があるとは普通なら思わないかもしれないが、中国は自らのことを、党内に内在化された「機能する」民主主義であると言っている。それと同時に九号文件において、人権、市民社会、自由で独立した報道機関、情報へのアクセスを、否定するばかりか敵であると見なしているのである。中国的「普通選挙」は、彼らが香港で実施しようとしたように、人民は投票してもよいが、共産党が決めた候補者にしか投票できないということを意味する。だがそれは党による選別（セレクション）であって、選挙（エレクション）ではない。

社会主義核心価値観は、中国を導く価値観の宣言などではまったくない。むしろ、こうした価値観を表す言葉を取り入れることによって、新型の中国国民を設計するための文化的・道徳的な基盤を提供しようとするものだ。それは民主主義の言葉を使ってその理想を蝕みながら、中国の代替案にも可能性があるかのように見せかける。つまりは古典的なプロパガンダである。

価値観への裏切り

二〇一九年の年末から二〇二〇年の初めにかけて、僕は光栄にも、アメリカ西海岸のいくつかの大学での講演に招かれていた。どの大学にも、僕の登壇に抗議する中国の愛国主義者がいた。僕は、抗議する権利を尊重している――僕にとってそれは自由社会の証なのだ。僕は思想を交流させる機会を大切にしており、誤った情報を与えられてきた人たちとの議論を歓迎している。しかし、驚くと同時に失望したのは、ここで出会った抗議者たちが僕の発言内容に反論しようとしたのではなく、僕が発言すること自体を阻止しようとしたことだった。

僕の講演を二〇一九年一一月に控えていたペンシルベニア大学は、同校の中国人同窓会から一通の手紙を受け取った。その手紙は、僕を講演に招待するのを取り消し、講演を中止することを要求していた。理由として挙げられていたのは、僕が講演を行うことで、中国との関係が悪化する恐れがあるということだった。大学側はこの要求に応じなかったが、中国人同窓会に同調する者がいたことは間違いない。アメリカの大学の同窓会によって、あたかも当然の如く要求されていたのが何であったか、少し考えてみて欲しい。アメリカ国内で合法的に学んでいる学生が、アメリカ国内の他大学に赴いて、アメリカ人学生に向けて話をすることは許されない、と彼らは主張していたのだ。

ジョンズ・ホプキンス大学では、僕と共に、友人のジョシュア・ウォン（黄之鋒）も香港からスピーチを行ったが、会場内には数十人の反対者が来ていた。その数は参加した中国人学生の半数にも満たなかったが、反対者の全員が中国人学生で、明らかに組織化されていた。各々がビラを持ち、その多くが同じ横断幕を掲げていた。僕たちの講演を中止させることに失敗したため彼らは、議論を妨害し、誤解を招くような質問をすることで、会場での議論を潰そうとしたのだ。例えば、彼らは質問の中で、香港の抗議運動を、無差別に罪のない人々を攻撃する混沌とした破壊的な暴動であると描写した。また、二〇一九年の抗議運動で自分たちが標的となり弾圧されていることを示すために、自分たちを第二次世界大戦中のユダヤ人と同一視した者もいた。これらは、基本的な事実と力関係を無視した完全に間違った描写と比較である。（この出来事は、予想されたとおり、中国国営メディアによって広く報道された）

僕は質問を歓迎する。中国当局が香港と香港の抗議活動について流した多くの嘘に立ち向かう機会を、僕は歓迎する。よくある主張で、しばしば質問として提示されるのが、抗議者たちは分離主義者であるとか、僕たちがアメリカ政府に利用され支援を受けているとかいうものだ。これに対しては簡単な答えがある。抗議の要求は、どれも破壊的な意図を示していない。ジョシュアと僕はずっと、自己決定の原則が尊重されることを求めてきただけだ。北京はイギリスおよび香港市民との合意を守るべきであり、香港人には投票権を持つ資格があると言うだけで、どうして破壊的、分離主義的、反中国的ということになるのだろうか？　また、アメリカ政府と結託して抗議運動を仕組んだアメリカの工作員であるという説については、もしそのような陰謀論に信憑性があるのならば、ここ数年、香港に降り立った国際ジャーナリストの軍団がこれを報道しないはずがないだろう。信頼性の高い報道機関がそうしないのは、単に証拠がないからだ。つまりそれは事実ではない。

抗議活動を指揮する外国の「黒幕」は存在しない。存在するのは、中国共産党の干渉があったことを示す数々の証拠である。それには査読付きの学術論文も含まれる。世界的な偽情報キャンペーンによって抗議活動が暴力的で外国に指揮されているかのように見せかけようとしたことや、組織的犯罪集団に報酬やインセンティブを与えて抗議者を中傷する工作員として動員したことなどが示されている。また、「分離主義」や「外国の干渉」といったセリフが、中国共産党の使い古された脚本どおりのものであることにも証拠がある。敵と認識した相手を悪魔化することによって、分断をわざと深める手口についても同様である。

香港の抗議運動について、僕や他の人々の口を塞いで語らせまいとする人のほとんどは、もちろん中国本土の人々だ。脅迫を受けているにもかかわらず、僕が彼らに対して抱く感情は、圧倒的に悲しみと同情である。なぜなら、僕は友人や家族を通して、彼らがなぜそのような反応をするのか、個人的に理解しているからだ。中国共産党は、中国国内に統制された情報環境を作り上げ、人々が特定の見方や考え方をするよう条件付けている。習近平が政権をとって以来、それはさらに悪化している。

彼らは「欧米は敵であり、人民だけで主体的に行為することなどできない」と信じ込むように育て上げられているから、香港に「外国の干渉」があるという見解が、現実よりも、もっともらしく見えるのだ。彼らはどこに行っても「中国人の感情」について聞かされるが、それは中国共産党によって定義された感情である。中国共産党の政治的利益に繋がるような、ある種の感じ方、ある種の反応をするように彼らは条件付けられている。抗議活動が間違っているように思えるのは、間違っていると感じるように仕向けられているからだ。

二〇二一年にクロエ・ジャオ（趙婷）がアカデミー監督賞を受賞したニュースは、中国では報道されなかった。ジャオは反体制派というわけではない。彼女の罪は、八年前のあるインタビューで、中国で育つということについての自分の考えを話したときに、ほとんどの中国人が心の中で真実だと思っていることをつい口にしてしまったことだった。二〇一二年、作家の莫言（ばくげん）は、中国人作家として初めてノーベル賞を受賞し、中国だけでなく世界中から祝福された。しかし、その一二年前に同賞を受賞した高行健（ガオ・シンジェン）のことは、都合よく忘れられていた。かつて中国共産党の知識人であり、中国国内でも広く評価されていた高行健は、天安門事件後の多くの中国人の想いを、あえて作品に反映させた。今、彼は忘却され、著作は禁書になっている。

僕が最も驚き失望したのは、自由社会に住んでいるにもかかわらず一部の人々が、自由な報道で報じられる膨大な証拠を信じないことを選び、中国共産党の見解に同調することだ。当惑させられるのは、彼らが僕の意見に同意しないことではない。僕と価値観を共有すると主張しながら、僕を黙らせ、発言する機会を奪おうとすることである。

反帝国主義と人権擁護を主張し、進歩的・民主的価値観の持ち主であることを自認している西側の人々が、香港人の最も基本的な権利を否定し、自由と民主主義の追求に反対する愛国主義の中国人と連帯しているのを見るのは不思議なことだ。「香港は中国だ」「お前は中国人だ」という民族主義的な主張は、特に北京語で口にした場合には、際どい主張どころではない。

政治的に左派と呼ばれる人たちのほとんどは、香港を支持していると僕は認識している。しかし、そうでない人たちも少数ながら存在するのが現実である。その中には、単に中国について無知なだけで、主に自国の社会や政治システムの問題に目を向けているという人もいる。その他の人たちは、僕たちが共有しているはずの価値観ではなく、むしろ憎しみに突き動かされているようだ。いずれにせよ、僕が気掛かりなのは、そうした人々が香港や中国での生活の基本的な現実に対して、いかに盲目的であるかということだ。

僕は、より善い未来とは、より公正で、公平で、平等なものだと信じているが、それが可能になるのは、民主主義に伴う説明責任と選択があってこそだと理解している。法の支配と、真に代表的な立法府があってこそ、権力は責任を負い、人々は安心して暮らせるようになる。しかし中国は、公正でも公平でも平等でもない。中国が「共産主義」なのは、政治的権威主義というシステムにおいてのみである。

政治はゲームではない。政治アクティビズムも同様である。政治アクティビズムは、投票権も権力もなく、意見を聞いてもらう手段もない人々の最後の手段だ。政治的に迫害され、友人が投獄され、殴られ、拷問され、家族が危険にさらされ、政治亡命のために故郷を離れなければならなかった人に対して、「アメリカやイギリスの状況はさらに悪い」と言うのは、何か不条理な感じさえする。それは単に事実でないだけでなく、有害で危険なことだ。

完璧なシステムも、完全に公平な社会も存在しない。重要なのは、物事をより良くするために権力者と関わり合える自由が、人々にあるかどうかということだ。アメリカやイギリスや他の民主主義国のあらゆる欠陥に対しては、この自由が存在し、僕たちには、本当に感じていることを表現する手段が開かれている。僕たちには世界を知る自由があり、自己の良心に従うことのできる自由がある。僕たちは真実を語ることができる。他の多くの人々には、このような自由を享受することが許されていないのだということを忘れないで欲しい。

　僕たちが享受する自由や他のすべてに対する脅威は、外からだけでなく内からもやってくる――現実をありのままに理解することを妨げる偏見と、真実を犠牲にした独善的な道徳化（モラリゼーション）。善意は意見の違う人を黙らせることを正当化しないし、他人の偏見と闘うことで自分の偏見が許されるわけでもない。自由で独立した報道機関が報じる真実を否定し、法の支配を攻撃し、コミュニティを沈黙させるとき、それが愛国心、社会主義、社会正義の名の下に行われたとしても関係ない。それは自由と尊厳の土台を侵食しているのだ。僕たちは、権威主義の拡大によって直面する課題を、グローバルかつ緊急なものとして捉えなければならない。僕たちはこれを、尊厳を持って生きることに対する実存的な脅威として理解しなければならない。

　人々を黙らせようとするのは、権威主義者のやることだ。だが僕たちは、反対意見によって気づきを得て、新しい視座から洞察を深めるべきなのだ。僕が願っているのは、誰であれこれを読む人が政治を超えた視座に立ち、そして、人々が恐れずに生き、より善い未来を思い描けるようになるための、共通の原則を認識できるようになることだ。すなわち、民主主義、自己決定、人権といった価値を信じられるようになることを願っている。こうした価値を蝕もうとする者たちに対する目を、部族性や党派性にとらわれた政治によって曇らされてはならない。

ジョージ・オーウェルが主張したように、欺瞞が蔓延する現代において、真実を語ることは革命的な行為である。

第六章　変化の力を信じて

ベルリンの壁崩壊から八日後、一九八九年一一月一七日、チェコスロバキアで一九四六年以来権力を握ってきたソビエト政権に抗議すべく、学生たちはプラハに集結した。五万人を超える人々が街頭に出て、チェコスロバキアでは過去二十年間で最大規模のデモとなった。当局はこれを制圧する決定を下す。平和的デモ行進がヴァーツラフ広場に入ったとき、それまで待機するように命じられていた警察が一斉に襲いかかり、一五〇人が逮捕され、数百人が暴行を受けた。

その日の抗議活動は、人々から基本的な自由と尊厳とを奪ってきた政権に対する、溜まりに溜まった長年の鬱憤が爆発したものだった。だがこれは、良い方向への変化の始まりでもあり、のちに言う「ビロード革命」の発端となった。最盛期には、二〇万人を超えるプラハ市民がデモ行進に参加したという。同じような抗議活動がチェコスロバキアのいたるところで起こった。人々が多大なリスクを冒してまでも要求したのは、自由選挙と、自由で開かれた社会で生きる権利だった——これらを既に享受している人たちは、その重要性を見落として当たり前のものとして受け取りがちである。

一九八九年一二月二九日、チェコスロバキアにおける共産党の一党独裁が終わりを告げた。革命にしては比較的円滑に事が進み、大きな流血事件もなかった。ここから始まった民主化の波は、旧ソビエト連邦全土に押し寄せ、全体主義国が国民国家に置き換えられていった。

議会制民主主義と自由選挙の復活によって、チェコスロバキアの人々は、四四年間に渡って否定されてきた市民的および政治的権利を再び享受できるようになった。一九四六年に自由で公正な最後の選挙が行われた際、人々は自分たちの声を代表してくれると思われた共産党に票を投じていた。それが多くの人にとって最後の選挙になると予想した人はほとんどいなかった。民主主義を殺したのは民主的投票だったのだ。この間違いを正して国を立て直すまでに一世代を要し、その間に数えきれない命が犠牲となったのである。

亡命先のロンドンで——政治的亡命が最近イギリス政府に認められた——今この本を書いている僕には、第二次大戦後にチェコスロバキアで起きたことと、現在香港で起きていることの間に多くの類似点が見える。これに気付いているのは僕ひとりではない。香港のみならず世界各地の多くの香港人が、類似した経過を故郷がたどっていることに気付いている。それは胸が張り裂けるような経験だ。故郷が徐々に権威主義に飲み込まれていくのを見てきた他の大勢の人々と同じように、僕も、故郷が再び自由になる日が果たして来るのかどうか、来るとしてもそれはいつになるのかと、思い悩まずにはいられない。

北京が、香港の選挙制度改造計画を明らかにするまでは、香港における選挙は少なくとも手続の上では民主主義的だった。二〇一六年までは、政治的意見のために立候補や投票が妨げられることはなかったし、投票者の匿名性も守られていた。もちろん、そのシステムは親北京派に有利なように設計されていた。一般投票では常に民主派が勝っていたのにもかかわらず、立法会で議席の過半数を占めるのは親北京派だったし、行政長官とその諮問機関である行政会議のメンバーを「選別」するのも親北京派だった。僕が出馬した二〇一六年の選挙では、民主派の政党が合計で、一般投票の五五％の票を得ていた。民主派の各政党は、協力し合い戦略的投票を奨励していたにもかかわらず、民主派議員が獲得できた議席は、七〇議席のうちのたった二九議席だった。

　この本を書いている時点では、香港で行われた直近の選挙は、二年前の二〇一九年一一月の区議会議員選挙だ。区議会議員は、限定的で局地的な権限を持つだけで、法律を制定する権限を持たない。区議会の役割は、地域やコミュニティの問題について政府に助言することであり、政策や予算編成に直接影響を及ぼしたり参加したりする権限はない。とはいえ、これは二〇一九年の抗議運動の真っ只中に行われた選挙だったので重要であった。そのころ政府や北京支持派の新聞が強調していた膨大な言説は、世論は「愛国者」を強く支持している、すなわち、激化する暴力にショックを受けて失望した人々が抗議活動の終結を望んでいる、というものだった。親北京派陣営は、区議会選挙によってこの言説を正当化できるものと期待していた。中国共産党の統一戦線工作とつながりのある地域団体の支援が功を奏して、区議会は親北京派の牙城（がじょう）となっていたからである。汎民主派陣営は立法会を重視しており、区議会選挙には力を入れてこなかったため、伝統的に親北京派の候補者が多くの票を獲得してきた。

　二〇一九年一一月の区議会選挙の投票率は、香港史上最高の七一％だった。民主派（および抗争派）の候補者が、四七九議席中、三八八議席を獲得し、一八選挙区中、一七選挙区で勝利した。政府の言説を否定する衝撃的な結果だった。たとえ当選者たちに、人々がそれを支持するがゆえに票を投じた事案を推進する権限がないとしても――たとえ変革の希望がまったくないように見えたとしても――それでもメッセージを発する力はある。そしてそれが引き金を引くことになった。

二〇二一年三月一一日、全国人民代表大会は、香港の選挙制度に関する抜本的改革を決議した。選挙委員会を通じて選出される民主派の影響力をより一層薄めるべく、選挙委員会が増員された。立法会の議員定数が七〇名から九〇名に増やされた一方で、一般投票による議席数は三五名から二〇名に減らされた。

一九九七年以来、北京は香港の政治制度を支配下に置いてきたが、今や、北京は権力だけではなく、反対勢力の排除を求めている。事前審査が導入され、当局が認めた「愛国者」でなければ選挙に立候補できないことになった。

この任務にあたるのは新たに設立された「国家安全処」だ。香港政府だけではなく北京に対しても報告を行う公然たる政治警察である。「疑わしい立候補者」は、すべて排除され、そのために証拠は必要とされない。その決定に異議を申し立てる法的手段は存在しない。香港政治のパワーバランスを偏らせるだけではもはや満足できなくなった北京は、選挙結果のみならず、今では政治的言説そのものをコントロールしようとしている。そしてこのことは強調しておきたいが、北京はこうしたことを行いながら、香港に政治的自治と生活様式を約束どおり保証すると主張することに、何の矛盾も感じていない。

香港の政治システムを「改善するため」と言いながら当局が打ち出すこれらの改革は、香港における有意義な選挙に、事実上の終焉をもたらすものだ。中国共産党が香港の人々を思いどおりに改造し終わるまで、市民の支持を本当に集める候補者は、出馬を禁じられることになる。一九四六年にチェコスロバキアの選挙で投票した人たちと同様に、二〇一六年の立法会選挙と二〇一九年の区議会選挙に投票した香港人は、それが最後の有意義な一票だということに気付かなかった。政権が崩壊するまで、次はないのだ。

すべてが順調なのはそうでなくなるまで

友人のエヴァン・ファウラーとこの本を書いている僕は、今、ロンドンのアパートにいる。広くはないが家具はまばらだ。「家」というのは、築くのにも、そこに住んで根を下ろすのにも時間がかかる。執筆にあたっては、香港の自宅で使っていたのと同じ機械式キーボードを選んだ。タイプするときに一つひとつのキーが立てるクリック音が好きなのだ。故郷を失った人間には、こういう小さなことが大切になる。エヴァンと僕は、全然違うタイプに見えるだろうし、バックグラウンドも異なるけれど、二人とも香港人で、故郷を想う心がとても強い。だから僕は、彼と一緒に本を書くことにしたのだ。僕たちのような者が声を上げるのは、政治をやりたいからではなく、故郷と、そこにいる人々を愛しているからだ。僕たちのアクティビズムは良心にもとづいている。

エヴァンは、僕に「活動家（アクティビスト）」と呼ばれるのを好まない。彼は様々な点で活動家の型には、はまらない。公共の場で抗議を行うことに少し居心地の悪さを感じているようだ。群衆が苦手なのかもしれない。しかしアクティビズムというのは見た目も様々だし、いろいろな形態で行える。エヴァンの場合は、静かな会話を通して、僕たちの運動に欠かせない一員となっている。共同執筆を彼に依頼したのは、僕たちの違いの中に重要な教訓があるからだ。重要な運動は党派的であってはならず、政治的・文化的な境界線を超えていかねばならない。アクティビズムは、多様な意見を受け入れる寛容さを持つ。僕たちは、境界線によってではなく、共通の理想によって定義されるべきなのだ。

エヴァンも僕も、中国共産党を憎んで育ったわけではない。率直に言って、あまり気に掛けてこなかった。僕たちが気に掛けてきたのは、周囲の人々や、コミュニティや、故郷との関係だった。僕たちにとって大切なものを守り、僕たちの信じる価値観を貫き通すことは、敵対者を憎むことには依存しないし、依存するべきでもない。しかし、もし二つの民族が離れ離れになっていくのであれば、他のどんな関係の場合でも同じことだが、それはなぜなのかと問うべきだろう。ひとりの人間が他の人間に所有されるべきではないのと同様に、ある集団が他の集団の所有物になることなどあり得ない。押し付けでは良い関係は築けない。

僕と同じように、エヴァンにも故郷に戻れる見込みはない。僕と大っぴらに交友関係を持つことにはリスクが伴うし、国安法は世界中に適用される。アップルデイリー紙の件が示したように、最近は寄稿するだけでも逮捕される可能性がある。「問題のある読み物」を読むだけでは逮捕されないと保証することさえ香港政府にはできないのかと思うと気が重くなる。僕たち二人は、もう二度と目にすることがないかもしれない故郷や、友人や、家族の思い出に取り憑かれている。

イェール大学在学中に香港に戻った二〇二〇年三月の思い出は鮮明だ。あのような重要な時期に故郷で僕の仲間（ピープル）たちと共にいることは、僕個人にとって極めて大きな意味があった。僕は、街頭で同志たちと肩を並べ、提言活動を続け、二〇二〇年に行われる予定だった立法会議員選挙のための選挙運動を始めなければならないという熱い思いに駆られていた。この選挙が重要であることは、誰もが知っていた。当局が選挙を延期する口実を探すであろうことは予想されていたが、北京が国安法によってこれほどの強硬姿勢を示すとは誰も予想していなかった。抗議者たちと連帯し、リーダー不在の抗議運動で皆と一緒に声を上げたとき、この行動によって亡命生活に導かれ、僕の愛するあの活気に満ちながらも苦しみもがく都市から遠く引き離されることになろうとは、本当に想像もしていなかった。しかし現実は斯くの如しだ。

　母に最後の「おやすみ」の挨拶をしたことも思い出す。母の顔は、いつもと同じように穏やかで愛に満ちていた。彼女は頭を枕に乗せていて、その周りには心地良い安心感が漂っていた。僕が出ていくことを母は知らなかった。僕にはそれを伝えることができなかった。でも母は、いつか僕が出ていかなくてはいけない日が来ることを知っていたと思う。彼女は中国のことを理解していたし、中国というのは口にしてはいけないことがたくさんある場所なのだから。僕は母が恋しい。母と自由に話せないのが寂しい。もし彼女がこの本を読むことがあれば、僕がどれだけ彼女を愛しているか、そして僕にとって家族がどれだけ大切なのかを知ってほしい。彼女の愛は、母親が与えることのできる最大の贈り物だった。他者を愛すること、他者の境遇に敏感であることを僕に教えてくれた。だからこそ僕は、苦難の時にあっても、母が僕に望んだような実用主義的な道を選ぶことができなかったのだ。それが母を悲しませたことは知っているけれど、きっと理解してくれると思う。

僕は香港が恋しい。僕の飼っていた二匹の保護猫のパパとフォーティーン。撫でたり遊んだりするときに僕の手に伝わるあの柔らかい感触が恋しい。香港の公共交通機関が恋しい。たくさんの香港人に混ざって街を移動したい。地下鉄ＭＴＲの、タイル張りの駅と、つやのある清潔な車両。ＭＴＲは都市の発展を促し、大勢の働く人々の通勤を支えてきた（もっとも、二〇一九年の抗議運動の後期には、政府の弾圧を支援したとして、抗議者や活動家の間で悪名高い存在になったけれど）。それから、ラッシュアワー以外は凍えるほど冷房の効いたバス。お金よりも時間を優先する場面なら、汗をかきながらフェイクレザーの座席に乗り込む、便利な赤いタクシー。香港では、自分で運転する必要を感じたことは一度もなかった。だが僕は今、運転の練習中だ。

僕が故郷で一番恋しいと思うのは、その精神だ。それは、常に活動的なコミュニティと、おしゃべりな人々が作り出す街の喧騒だ。飛び交う広東語。鳴り響くクラクション。そしてあちこちを忙しく歩き回る無数の足音。

ロンドンは間違いなく素晴らしい都市で、僕は今ここで暮らせることをとても感謝している。ロンドンには、香港にはない魅力がたくさんある。しかし、国際的なロンドンでは故郷を思い出させるものがたくさん見つかる一方で、その国際性のために僕はロンドンを疎遠な場所と感じてしまうのだ。僕にとっての香港は、その多文化的な歴史よりもむしろ、共通の言語や生活体験で結ばれたローカルな都市だった。それは、富裕層や国際的な人々の香港ではなく、庶民の香港だ。そこに僕の仲間たちがいて、僕のコミュニティがあった。僕はそれが恋しい。

二〇二〇年六月に香港を離れる以前の自分の経験を、僕はまだ整理しきれていない。ほんの小さな瞬間の数々、取るに足らない日常生活のあれこれが、今になってとても貴重なものに感じられる。記憶は大切だ。だが不幸に浸っているのではなく、一つひとつの経験を抱きしめて、人間としてより逞しく、より善くなるための手立てをその中で見つけるべきなのだろう。詩人のデイヴィッド・ホワイトも言っているように「私たちが、学び、成長し、憐れみ深く寛容になっていくのは、帰郷からだけでなく追放からであり、獲得からだけでなく喪失からであり、ふさわしいものを受け取ることからだけでなく、手放し、与えることからなのだ」

追放というのは、地理的な概念以上のものだ。僕たちの知っている故郷が、そのままの姿であることを許されなくなったら、僕たちは故郷から追放されるのだといえる。これは香港の多くの人々が感じている剥奪感だ。だがこの剥奪感を感じている人は他にも大勢いる。中国共産党が、漢人の支配する民族主義国家として中国を形作ろうとする中で、党の見解に服従しない人々や、全く異なる歴史を経験してきた人々は「調和」の名のもとに同化させられつつある。新疆ウイグルのことは報道されてきたとおりだし、チベット、内モンゴル、その他の非漢民族地域においても、起きていることは香港よりも遥かに深刻だ。

香港や中国の他の地域で起きていることは、一夜にして起きたのではない。兆候はあった。ビジネス上の利益、エリート、そしてメディアを取り込みながら、その基礎は築かれた。微妙な歴史修正、記憶するべきとされる事柄のすり替え、中国人であるということの意味に関する理解の変化を、多くの人が指摘していた。しかし、その劣化の速度は誰の予想よりも遥かに速かった。

今日、習近平の中国は、国際的な規範と標準、そして世界の言説を定義しようとしている。このことは、中国についての僕たちの理解だけにとどまらず、独裁体制に照らして僕たちがみずからの自由をどう理解するのかということに関わる。世界中のビジネスとエリートが——しばしば政治的エリートも含めて——すでに取り込まれている。ジャーナリズムも狙われており、開かれた自由社会の基盤である報道機関への信頼が危機にさらされている。世界を中国共産党にとって安泰な場所にするために、彼らは支配を要求する。「香港は今でも自由で開かれた社会である」と北京はいつまでも主張し続け、「中国は世界で最も成功した民主主義国である」と中国共産党は言い張り続けるだろう。僕たちは皆、それが嘘であると知っている。しかし、慣れによって嘘を訂正する意志を鈍らせる狙いで、同じ主張が繰り返されているのだ。

新疆ウイグルの事例は、北京が反対勢力を粉砕し一つの民族を同化するために、どこまでやる用意があるかを示している。香港の事例では、国際的な注目を集めている自由で開かれた社会においても、北京には同じことができると示された。ここで僕たちが決してやってはいけないことは、自由民主主義社会の持つ力を見過ごすことだ。僕たちは、自分たちの制度の改善を求めるだけでなく、自分たちの価値観と制度を守るために、その力を使わなくてはいけない。発言権があるのなら主張するべきだ。意味のある一票を投じることができるのなら投票しなければならない。水をやらなければ、自由は枯れてしまう。権利は行使しなければ、存在しないも同然だ。

壊れやすい民主主義

香港で自由が急速に失われていった背景には、ますます全体主義的になり自信を強めて好戦的になっていく中国の存在があるだけでなく、世界中で権威主義が急拡大していることがある。二〇二〇年には、二〇〇一年以来初めて世界における独裁国家の数が、民主国家の数を上回った。[45] この傾向は、COVID-19のパンデミック中に加速している。[46] さらに、第二次世界大戦以降初めて、国際社会の行動を無視できるほどの強い力を持ち、暴力によって覇権を握る意志をその言動によって示している国と、僕たちは対峙しているのである。[47] 中国共産党が少数民族であるウイグル人に対して組織的なジェノサイドを行っていることは、よく報道されるようになってきた。しかし今日、この残虐行為に立ち向かうための社会的な関心と意志は不足しているように思われる。結局のところ、権威主義の台頭による真の犠牲者は、職を奪われた政治家や代表権を奪われた国民ではなく、ただ恐れずに生きたいと願ったために迫害されたり行方不明になった人々なのだ。

僕の考えでは、権威主義の脅威、とりわけ権威主義を通り越して全体主義的でさえある中国の脅威は、気候変動と同じくらい差し迫った世界的危機である。どちらの脅威も命にかかわる。気候変動は命そのものに対する脅威であり、権威主義は命から尊厳を奪われる脅威だ。政党の奴隷として生きることや、無知や恐怖の中で生きることは、生きるに値する人生だとはいえない。中国共産党は、自国の人民を黙らせた後、世界中で批判の声を封じようとしている。中国は、世界中の抑圧的政権に物質的な支援を行い、さらには道徳的な正当性を与えようとしており、北朝鮮、シリア、イランの指導者の主要な後ろ盾となっている。さらに懸念されるのは、この支援がハンガリーやトルコからパキスタンやベネズエラまで、脆弱で破綻しそうな民主主義国にも及んでいることだ。中国は、自由民主主義よりも優れていると主張する権威主義モデルを輸出しているのだ。世界を中国共産党にとって安泰な場所にするために、中国は地球を作り変えている。

　しかし今もなお、あまりにも多くの人たちが、国内政治を超えたところで起きていることに無頓着であり続けている。この問題を、自分たちの権利、自由、価値観を今、脅（おびや）かしているものとしてではなく、むしろどこか遠くの政治問題であるかのように考えてしまっている。国際社会において自分たちが直面している問題の重大さと、その緊急性を感じている人は、あまりにも少ない。多くの人はこの議論を、米中対立という地政学的なヘゲモニーの選択問題にすり替えてしまう。そういう捉え方をするのならば、どちらも拒否するのが道理だろう。しかし実際には、自由というのは、自分たちが何者であるか、そしてどんな人生を生きるのか、ということを規定しているのだ。それは地政学的な問題でもなければ、競合する超大国のどちらを選ぶかという問題でもない。それは僕らの尊厳の拠り所である諸価値のために立ち上がるということなのだ。

　欧米の学校では生徒たちは、環境に配慮することの大切さや、変化をもたらすために自分たちに何ができるのかを教わる。また、微細な攻撃性（マイクロアグレッション）について教わり、文化や人種の問題に敏感になるように教わる。これらは間違いなく善いことだ。しかし、見えないところで起きている不正義にも目を向けないといけない。痛々しい皮肉な事実を伝えたい――昔の奴隷所有者の銅像を引き倒した人々がいたが、彼らの多くが着ていた服は、新疆ウイグルの強制労働者が生産したものだったのである。

　自由に対する脅威は、僕の見るところでは、この時代の危機となっている。この問題に対する消極的態度は改めなければならない。僕たちの自由、人権、自由主義的価値観は、開かれた社会や民主主義と同様に擁護される必要がある。それは僕たちがいったいどんな世界に住みたいのかを明確にすることから始まる。そして目標を練り上げ、課題を設定し、行動を起こさなくてはいけない。不正義と抑圧には国境がないから、それに対処するための行動が自国の内側で閉じてはいけない。民主主義諸国は、自由を脅かすものに立ち向かうため、特に中国に立ち向かうために、協力し合わなければならない。中国はあまりにも大きく、影響力があり、強すぎるため一対一では対処することはできないからだ。自由世界は、自らを守り、分裂を避け、征服されないように合意による共通の戦略を必要としている。

　気候変動は、かつては周辺的な政治問題とみなされていた。当時は恐怖を煽るものだと考えられていた主張を裏付けるデータが、今日では広く受け入れられるようになり、政府でも、会議室でも、多くの家庭でも、気候変動に立ち向かうための行動が始まっている。僕たちは、ビジネスや買い物の仕方、生活の仕方を変える覚悟を持ち、正しいことを行うために力とインスピレーションを注いでいるのだ。そしてその際、世界最大の汚染国である中国への対応が必要とされる。なぜなら僕たちは、これがグローバルな取り組みであることを理解しているからだ。僕たちの経済がどれだけクリーンになっても、最大の汚染国をなんとかしなければ、環境は悪化の一途をたどることになるだろう。同じ理屈が、世界の政治を汚染している権威主義の拡大についても当てはまる。

経済的威圧を超える

中国は独特の問題だ。かつての権威主義大国は、軍事力と経済力とを併せ持つことはなかったし、自由世界の経済・政治システムにこんなに深く徹底的に浸透してくることもなかった。中国は世界第二位の経済大国であり、間もなく世界第一位になる可能性がある。EUの貿易相手国としては、二〇二〇年にアメリカを抜いて、現在は中国が第一位だ。[48] 米中貿易戦争の中にあっても、中国はアメリカにとって二番目に大きな貿易相手国であり続けている。[49] 中国共産党にとって、こうした経済関係は戦略的なものだ。それは単なる経済的成長のためではなく、自分たちの思惑（アジェンダ）を推し進め、従属を求め、支配権を獲得するための手段となっている。

中国は一貫して、こうした経済関係を利用して影響力を拡大し、批判を封じてきた。二〇一〇年、僕が前にも引用した中国の文芸評論家で政治エッセイストの劉暁波のノーベル平和賞受賞が決まったときの中国の反応は、その初期の事例だ。発表後、中国は好戦的な態度をとり、ノルウェーとの関係が損なわれたと宣言した。中国外務省によれば「ノーベル委員会がこのような人物に平和賞を授与することは、賞の趣旨に全く反する」とのことだ。授賞式では、劉が拘束され出席できないことを象徴するように、空の椅子が置かれていた。劉の家族も渡航を禁止された。受賞者の親族や代理人が出席しなかったのは、一九三五年以来のことだった。[50]（劉はその後、自宅軟禁中に死亡した）

これに対して中国政府は、ノルウェーとの政治的・経済的関係を凍結するという報復に出た。これには、ノルウェーの生産物（特にサーモン）の輸入に対する制裁措置が含まれている。外交ルートは閉鎖されるか、あるいは極端に縮小された。香港人が発見したように、北京にとって対話とは、問題に対処するための手段ではなく、北京の立場に同意したことへのご褒美なのだ。

劉へのノーベル賞授与を決めたのはノルウェー政府ではないということを忘れてはいけない。政府組織と独立組織の間の権力の分離は、説明責任を支えるものであり、自由社会の特徴である。このことを北京は知らないのだろうか？　――いや、そうではないだろう。なにしろ北京は常々「西側は我々を理解しないが、我々は西側を理解している」と主張している。あるいは単純に、よその政府にも権威主義的な統制を行うことを期待しているのだろうか？　ノルウェーはそれを行わなかったので、中国に処罰されてしまったというわけだ。

二〇一一年から二〇一三年にかけて、中国の制裁によりノルウェーから中国への魚の直接輸出額は一億二五〇〇万～一億七六〇〇万米ドル減少した。直接輸出総額の減少幅は七億八〇〇〇万～一三億米ドルと推定されている。貿易が再び以前の水準に近づき始めたのは二〇一四年になってからだった。ノルウェー政府がノーベル委員会から距離を置き、人権問題でより控えめな立場を取るなど、妥協的なシグナルが相次いだためである。にもかかわらず、両国の外交・政治関係が正常化するのは、さらに二年後のことであった。中国の威圧は効いたようだ。[51]

それ以来、中国は他の多くの民主主義国に対して同じ手口を使ってきた。そのたびに代償として求められたのは、利益の譲歩というより、むしろ価値観の譲歩だった。ノルウェー政府が、中国だけでなく世界中で人権についての発言を控えるようになったことは、ノルウェー人の価値観や願いを裏切るものだった。これによって中国のではなく、ノルウェーの民主主義が蝕まれたのだ。民主主義諸国はそれぞれの土地で、自由と人権を保護し、独立した組織と、意見を表現する権利を守らなくてはいけない。だが経済が、政治にまとわりついてくる――なぜなら中国ではそういうものだから。

北京は、次のような問題についてイギリスに対する怒りを募らせている。第一に、イギリスが、中国の通信企業ファーウェイには、重要インフラへの供給を認めない決定をしたこと。第二に、放送規制機関オフコムが、中国国営放送ＣＧＴＮを、イギリスで放送禁止にすると決めたこと。第三に、ＢＢＣが、新疆ウイグルの情勢を報道したこと。第四に、内務省が英国海外市民（ＢＮＯ）ビザ制度により、歴史的な理由でイギリスでの居住権を持っていなかったイギリス人に、居住権を取得させたこと。また北京は、イギリスの国民や政治家に対して、中国への批判を控えるよう要求している。これらの問題のいずれについても北京が事実上要求しているのは、イギリスの利益のために、イギリス国民の権利を譲渡することである――またしても中国のではなく、イギリスの民主主義が蝕まれている。イギリス政府は、ジャーナリストの報道はもとより、ＢＢＣの編集上の決定に口を出す立場にはなく、オフコムがどのような決定を下すかを左右する立場にもない。実際、それらの機関の社会的価値は、政府からの独立性にかかっている。ファーウェイのように危険度の高いベンダーに常に分類される企業に、イギリスの重要インフラの構築への入札を許可するかどうかは、国家の安全保障上の決定である。自国の重要インフラへの関与を、外国企業に許す国はないだろう。特に、好戦的な外国政府の情報機関への協力を、法的に義務付けられているような企業にそれを許すことは、もし他にも選択肢があるのであれば、あり得ない。もちろん、中国はそんなことはしない。にもかかわらず中国は、自国の企業が自動的にその権利を持たねばならないかのような偽善的な要求をしている。

中国によれば、イギリスがＢＮＯ保有者に居住権と市民権への道を開いたことは、容認できない内政干渉なのだそうだ。だが留意してもらいたいのは、最近の政策ではイギリスは、香港人にイギリス国籍を与えてこなかったということだ。すでにイギリス国籍を持っている者か、あるいは旧植民地出身で条件を満たす者に、イギリスでの居住権を含む完全なイギリス国民となる手段を認めるに過ぎないのである。

中国は、西側諸国の、とりわけアメリカの「攻撃」に反応しているのだと言われることがある。バイデン大統領のもとで、二つの巨大国家の関係はますます悪化している。だが、アメリカが北京を怒らせたのは、正確には何をしたからなのだろうか？　アメリカは北京に対し、他の加盟国と同じように世界貿易機関（ＷＴＯ）のルールを守ることと、国際外交の規範を尊重することを求めた。中国が自国の人民に対して行っていることに懸念を表明し、新疆ウイグルで起きていることをジェノサイドと呼んだ。

米国における中国のスパイ活動、偽情報、違法なサイバー活動を非難し、同じような問題に直面している他の国々と連帯してきた。オバマ元大統領は、通常、アメリカの傲慢と帝国主義の化身だとは考えられていないが、アメリカの「アジアへの軸足」政策を開始した。中国はこれを封じ込め政策と見ている。しかし、この軸足の移動を促したのは、南シナ海における中国の主張だった。中国はオバマ大統領に「人工島を作らない」と約束し、実際に作り始めると「軍事化しない」と約束した。中国は現在、この係争海域で複数の軍事基地を運営している。これは本当に西側の攻撃への反応なのだろうか？　むしろ逆ではないだろうか？

アメリカが強大な敵だとしたら、オーストラリアは「中国の靴の裏にへばりついたガム」呼ばわりされており[52]、北京による経済的威圧をまともに食らわされることになった。二〇二〇年、数百万人の命を奪い経済を破壊したパンデミックに世界中が襲われていた時、オーストラリア政府は、パンデミックを引き起こしたコロナウイルスの発生源についての国際調査を提案した。これは完全に理に適った提案だった。コロナウイルスは最初に見つかった中国の武漢を発生源として広がったと考えられてはいたが、実際のところ、この提案は中国に向けられたものではなかった。発生源が中国であれどこか別の場所であれ、それがどこでどのように始まったのかを知ることは、世界の指導者たちがパンデミックの過程を理解して今後に備えるのに役立つ。世界保健総会（ＷＨＡ）の投票では調査への賛成が多かったのにもかかわらず、中国はオーストラリアだけを標的にするために国際世論については無視した。ＷＨＡでの投票結果がオーストラリアの提案の正当性を示しているとする同国の主張は、在オーストラリア中国領事館によれば「ジョークでしかない」とのことである。[53]

中国政府は、オーストラリア産のワイン、大麦、石炭、ロブスター、木材、食肉、綿を含む数多くの品目の輸入禁止措置によって報復した。人種差別の疑いがあるとして、中国人の学生や旅行者は、オーストラリアへの渡航を控えるように警告された。オーストラリアのキャンパスでは中国人が留学生全体の三九%を占めるが、意見を述べた者が嫌がらせや脅迫を受けるようになった。新疆ウイグルで親族が行方不明になり、抗議の権利を行使することを選んだオーストラリア人は、不気味な電話を受けるようになった。「数年前、私たちの多くに、少なくとも一日に一回は電話がかかってきました」と、そうした活動家の一人がBBCに語っている。「電話に出ないと中国語の音声メッセージが残っていて、ビザの更新が必要だと言ってくるんです。私はオーストラリア生まれで、両親はオーストラリア国籍で、コミュニティのほとんどがオーストラリア国籍を持っています。コミュニティが揺るがされているような感覚でした」[54]

中国はこうした活動を取りまとめ、支援し、しばしば直接的に関与した。また、オーストラリアは国家主導のサイバー攻撃の標的とされ、オーストラリア政府の提案後、その頻度が高まった。[55]オーストラリアの市民と国会議員の個人情報が流出した。外交面では、オーストラリアは凍結状態に置かれ、北京はオーストラリアの閣僚との連絡をすべて断った。簡単に言えば中国は、広く受け入れられている規範に従って行動せずに、ただ完全な従属を求めるのである。

北京の外交官は、米中のどちらかの側につくことを強要しているのはアメリカであるという姿勢を押し出していた。だが、オーストラリアのスコット・モリソン首相が、オーストラリアは米中間の「二者択一」を迫られることはないと発言すると、北京はそれに対して「問題を直視して、誤りを是正し、両国関係を軌道に戻すための条件を整えなければならない」[56]という言葉で応じた。

北京がオーストラリアに「是正」するように求めていた過ちが何であったか、それが明らかになったのは二〇二〇年一一月、オーストラリア政府に対して一四カ条の罪のリストが提示されたときだった。[57]そこに含まれていたのは、外国の悪質な侵入から国を守るために外国干渉防止法と新しい外国関係法を可決したこと、ファーウェイを重要インフラから排除する決定をしたこと、人権と南シナ海に関して意見を述べたこと、米国主導の「反中キャンペーン」に味方してCOVID-19の発生源に関する調査を提案したこと、などである。これらの行動はすべて、オーストラリアを守り、人権侵害に対処するために取られたものだ。中国によるとオーストラリアの数々の罪のうちの一つは、香港で起きていることについて批判的な言説を許したことであった。北京が事実上要求しているのは、中国共産党が中国で行っているのと同じように、報道機関、学界、国会議員、一般市民を黙らせて、表現の自由を否定することである。こうしたことを要求し、権威主義的に振る舞おうとしないオーストラリアを経済的・外交的に罰しながら、中国はそれを「内政不干渉」であり「尊重」なのだと主張している。

北京の経済的威圧にもかかわらず、中国は依然としてオーストラリアにとって最大の貿易相手国だ。貿易急減を伝える記事の見出しは、中国の輸入禁止措置の後で、両国間の貿易額全体がわずか二％しか減少していないという事実を覆い隠している。[58]オーストラリア製品の多くは、新たな市場を見出した。

例えば、かつては中国向けだったワインの多くがイギリスで販売されている。中国当局が一年以上にわたって中国海域での停泊や出港を拒否し、事実上船員を拘束していたオーストラリア[59]からの輸出品は、他の方法で市場に届くようになった。消費期限の短い魚介類は、香港を経由して今でも中国の食卓に届けられている。[60]中国は、威勢の良いことを言うわりに、他国から容易に調達できないオーストラリアの商品については輸入を制限しないように気を配っているのである。

世界を舞台にしたこのいじめと偽善から、中国が目指す未来がどんなものであるのか垣間見える。さいわいなことに、オーストラリアは充分に強く自由であるため、中国の威圧を乗り切ることができる。一部のオーストラリア企業はその結果として損害を被ることになるが、それはオーストラリアの主権と、自由で開かれた寛容な社会としての価値観を守るために支払う代償としてはわずかなものだ。かつて「チャイナ・ドリーム」に浮かれていたオーストラリア人は、習近平が統治する中国の本性を理解するようになった。それはノルウェーでも、世界の他の国々でも同じだ。スウェーデンは脅迫され、[61]EUのシンクタンクと議員は制裁を受け、[62]ベルギーはサイバー攻撃の標的にされている。[63]世論は変わりつつあるようだが、それはまだ行動する意志とはなっていない。

国際的なブランドも標的にされている。二〇二一年三月、綿花栽培の基準向上を推進する国際的なマルチステークホルダー団体「ベター・コットン・イニシアティブ」に参加した企業をボイコットするキャンペーンを、中国政府は開始した。この団体は、新疆ウイグルでの強制労働について懸念を表明していたのだ。H&M、ナイキ、ユニクロ、アディダスなどの参加企業はその後、人権への配慮や国内顧客の懸念よりも、中国市場を優先して、団体への支援を取りやめた。ヒューゴ・ボス、アシックス、無印良品のように新疆綿を使用し続けると宣伝するにまで至った企業もある。だがそれにもかかわらず、中国のオンラインショップは商品データを削除し、実店舗の情報が中国のネットから消され、愛国的なファンによって商品が燃やされる動画が相次いで作成され、中国の厳重な国家統制下にあるソーシャルメディアにおいて爆発的に拡散された。多くのブランドは、基本的人権を支持することと、中国に媚びることの間には道などないのだということを、まだ理解していない。

北京によれば、もちろん新疆ウイグルで人権侵害は起きていない。西側メディアが中国を中傷し、中国共産党に対する破壊活動を扇動しているのだと北京は非難する。そうした虚言の宣伝に喜んで協力しない企業は、中国で金を儲けるべきではないというのが北京の考えである。サッカークラブのアーセナルに所属するメスト・エジル選手が、新疆のトルコ系ウイグル人に起きていることについて至極当然の懸念を表明したとき、中国は、クラブがエジル選手を黙らせ、彼の発言から距離を置くまで、アーセナルの試合の放映を停止した。エジルはすぐにクラブから疎ましがられていることに気付いた。[64] スポーツ選手やセレブや、その他の著名人を検閲するこうした圧力は、今ではありふれたものになっている。深刻な人権侵害が組織的に行われている中国に対して意見するブランドや著名人は、中国政府の手にかかると、反中国の人種差別的陰謀論者として取り沙汰されるのだ。[65]

中国の経済的威圧の効果はさまざまで、中国が僕たちに見せつけようとしているほどの威力を持たないこともよくあるのだが、その好戦性のレベルと語気には一貫性がある。それは敵対的かつ侮辱的だ。

僕たちはあまりにも長い間、そうした振る舞いや、中国との不均衡な関係を許容し続けてきた。だがそれは、同様の振る舞いを助長することになるだけである。今日、僕たちが直面している中国の問題は、僕たちの無批判な現状肯定の産物でもあるのだ。中国共産党は、僕たちの善意と信頼を糧に成長してきた。だが、権威主義的な政権は、信頼できる社会を作らない。選挙で選ばれず責任も負わない政権が頼る手段は、注意を逸らすか抑圧するかである。

価値観を主張し、不正を非難し、重大な人権侵害を批判することを、僕たちが自らに期待できなくなったとき、自由は侵食され、民主主義が弱体化してしまう。ハンガリーやトルコのような脆弱な民主主義国はすでにこの道を辿っている。ヨーロッパという自由主義の偉大なプロジェクトでさえ、この事態を阻止することはできなかった。実際に現在ハンガリーは、EUの対中国行動（香港に対する行動も含む）に拒否権を発動している。中国の正体を見抜く能力と、価値観のために立ち上がる能力を、僕たちが失うにつれて、権威主義は拡大し、自由世界は縮小していく。投資や経済関係、ワクチン外交、そして「一帯一路」のような野心的プロジェクトを通じて、北京は僕たちの「生」のあり方を変えようとしている。香港の人々にしたように、僕たち一人ひとりを分断し孤立させることによって、それを実現しようとしているのだ。

民主主義世界は、世界規模の未来のビジョンの下に団結する必要がある。僕たちの生のあり方に対するこのシステミックな脅威に対抗するために、自由な個人と自由な国々が、共に立ち上がるべき時だ。僕たちはこれがレイシズムや差別政策ではなく、中国叩きや責任転嫁でも、新たな戦争やカラー革命でもなく、自由で開かれた社会を守るためであることを理解しなければならない。中国の人々に向けて真実を語ることだけが、「中国」の名の下に何が行われているのかを彼らに知らせる唯一の方法であると理解しなければならない。さもなくば、彼らの多くは、中国共産党がつくる偽りの物語の中で生きる以外の選択肢を持てない。中国共産党は、僕たちの社会が自由で開かれていることにつけ込んで、その偽りの物語を僕たちの社会にも植え付けようとしている。民族や国家の間に分断の種を撒き、良心を犠牲にして欲望を育てることを、もしも僕たちがこのまま許し続けるのであれば、中国共産党は大きく成長し、民主主義の衰退はもはや後戻りできないところにまで達してしまうだろう。

グローバル権威主義に立ち向かう

僕は個人の立場でこの抵抗を行っている。香港はかつてアジアで最も活気に満ちた開かれた自由な都市であり、民主的な今日の台湾のモデルでもあった。それがわずか数年間で、現在のような準権威主義的な警察国家へと衰退するのを僕は見てきた。僕がこの本で語った出来事は、自由世界に対する警告となるはずだ。

幸運なことに僕は、世界中の人権活動家や民主化運動家と出会うことができた。中には、自国が香港よりも悪い状況に置かれている人もいる。僕たちは皆、自分の故郷やそこに住む人々との深いつながりを感じているから、喪失感を感じないではいられない。しかし僕にとって、本物の活動家（アクティビスト）を偽物から区別するものは、憎んでも当然すぎるほどの理由があるにもかかわらず、憎しみを原動力とはしないということだ。僕は中国を憎んではいないし、制度を憎んでもいない。僕が反対しているのは、制度化された不正義であり、政治的な迫害だ。嘘と闘い、嘘つきが嘘を認め、真実を話すようになることを望んでいる。シリア、北朝鮮、イラン、ロシア、ベラルーシ、ベネズエラ、あるいは中国や香港など、その場所がどこであろうとも、抑圧に立ち向かうことは、究極的には、人間の尊厳のための同じ闘いの一部分である。それぞれの物語は異なるかもしれない。だが僕たちが立ち向かう脅威は、程度には違いがあったとしても、本質的に同じものだ。本当に闘うに値するもののために闘っている人々は、政治ではなく、価値観を原動力としている。

僕たちは力を合わせて、独裁者の責任を追及しなければならない。嘘と偽情報には異議を唱えなければならない。買収や懐柔によって口を塞がれてはならない。憎しみは必要ない。だが、声を上げ、行動しなければならない。

驚異的な経済成長の軌跡に伴って、中国の傲慢さが増していくのを僕たちは目撃した。より善い中国を望み、積極的に関与すればもっと融和的な体制になると期待していた人たちは、それが間違いであったことを受け入れる必要がある。中国が超国家主義的な全体主義国家になりつつあるということ、もしかすると既にそうなっているということを、僕たちは認めなくてはいけない。もはや、冷戦のレトリック、軍備増強、国際機関の操作に、目をつぶることはできない。民主主義国の独立した裁判所から自由な報道機関に至るまでの諸機関に対して、中国は戦争を仕掛けており、すべての批判者を黙らせることによって言論を統制しようとしていることを、もはや無視することはできない。
　僕たちはビジネスや投資を行う上で、何を重視するのか決めなければならない。そして、自由を重んじない企業には、どのような社会で事業を行いたいのか決めるよう明確なメッセージを送らなければならない。すでに人々は毛皮を使用する企業に対して街頭で抗議し、大学は気候変動に対して充分な対策を行っていない企業との提携を打ち切っている。それなのに僕たちは、香港の国安法を公然と支持しているＨＳＢＣやスタンダードチャータードのようなイギリスの銀行に、喜んで口座を開いている。国安法は重大な国際法違反であり、イギリス国民に対する政治的迫害に利用されていると、イギリス政府が明言しているのにもかかわらずである。このような企業に対して、何を重視し、誰のために働いているのかと問いただす必要がある。

　偽情報から人々と社会を守らなければならない。自分たちの社会の内部の過激派を検閲するときと同じくらいに、中国やロシアの偽情報に対しても敏感でなければならない。真実をただ述べるだけでなく、嘘にはしっかりと反駁しなければならない。嘘を反駁することは、真実を報じるのと同じくらい重要だ。新疆ウイグルで起きていることや香港で起きたことについての報道は、北京が宣伝する陰謀や嘘を反駁する解説とあわせて考慮する必要がある。ＢＢＣやテレグラフ紙は当初、「新疆ウイグルで人権侵害など起きていない」という北京の主張を鵜呑みにしていたかもしれないが、重要なことは、北京の主張は口先だけであったと、後で報道したことだ。[66] 僕たちは、何が起こっているのかということだけでなく、どのように騙されているのかを知らなければならない。

ロシアと中国を主とする権威主義国が、ソーシャルメディアを通じて僕たちを操作しようとしていることに気付かなくてはならない。ソーシャルメディア企業はこれに対応しようとしているが、この種の影響操作は流動性が高いため、防ぐことが難しい。中国が、香港についての世論を変えるためにボット(bot)のネットワークを構築していたことも知っておくべきだ。そして現在中国は、新疆ウイグルについて事実とは異なるもう一つの物語を宣伝するため、また、社会正義の問題をめぐって西側諸国の分裂を深めるために、このボットのネットワークを利用している。中国が、ソーシャルメディアのインフルエンサーを積極的にリクルートしているという認識も広めなければならない[67]。こうしたメッセージを検閲することは自由社会の価値観に反するかもしれないが、開かれた議論は誠実さを前提条件としている。中国の正体は暴かれるべきだ。

国際機関には、改革と強化が必要である。僕たちは、普遍的価値を受け入れ、それを軸に組織を構築していくべきだ。人権侵害に対して、個別またはケースバイケースで取り組むという考えから脱却する必要がある。非常に明確なパターンが現れつつあることに気付かなければならない。僕たちはいよいよ過去から脱却し、人権を理由とする介入を、侵略行為や帝国主義としてではなく、被害者を守るための道徳的行動として捉えるべきなのだ。権威主義政府が、監査を避けて人道に対する罪から逃れるための手段として使う「主権」や「内政問題」といった言葉に惑わされてはならない。真の意味での主権は、それとは区別するべきものである。

民主主義国は、自分自身の「越えてはいけない一線」を持たなければならない。ルールに基づく秩序は、もしそれが簡単に操作されて、ルールによって防ぐべき侵害を許してしまうならば、目的に適ったものではない。それでは抑圧的国家に見せかけの信頼性を与えるだけである。国連人権理事会は、人権を否定する国や、人権とは何かについての非常に制限的で政治的意図のある定義に賛同する国を、大多数として構成されるべきではない。残念ながら現在はそのような状態である。同様にEUが、一国、特に欧州連合の理想と統治基準をもはや満たさないか、あるいは尊重しない一国によって、身代金を要求されるようなことは許されない。

変革は簡単ではないだろう。それは、僕たちが信じていることを肯定することから始まる。無批判な現状肯定に浸るのではなく、直面している脅威を認識し、当然のごとく享受している自由の有り難さを改めて知る必要がある。自分たちのシステムへの信頼を取り戻さなくてはならない。諸々の組織に対して説明責任を追及し続けるべきだが、その批判が、文脈と大局観を欠いてはいけない。僕たちは、民主的で自由な他の国々と共に、価値観と理想を共有する連合体を立ち上げるべきだ。この連合体のメンバーはそれぞれ異なっており、享受している自由にも程度の差があるだろうが、どんな世界を夢見るかということによって一つにまとまる。外交は、冷戦終結時と同じように進化しなければならない。僕たちはもう、抑圧的政権が民主的な言葉を使いながら真逆の行為に及ぶ手口を知らないような世間知らずであってはならない。中国が「世界で最も成功した民主主義」を自称していることを思い出してほしい。僕たちは、開かれた社会、自由な組織、法の支配、報道の自由、そして思想、良心、表現、情報の基本的自由に対する共通の尊重を軸に団結しなければならない。

コミュニティには果たすべき役割がある。姉妹都市の締結は、価値観を再確認するための良い機会になるだろう。コミュニティとして、または組織として、誰とどのように関わり合うかということについて、もっと選択的になったほうがいい。ロシアや中国と交流を持つ場合、プーチンや習近平を支持する人々が、すべてのロシア人や中国人を代表していると見なしていいのだろうか？　自由な祖国を見たいと願う人々とも交流してみてはどうだろうか？　中国と関わり合うこと自体が、反体制派の排除や、自分たちの側の批判のトーンを弱めたり沈黙したりすることへの暗黙的同意を意味する日々は、終わらせなくてはならない。

権威主義的な暴政の影響は、国境を越えていく。それは思考回路（マインドセット）や価値観を変えてしまう。僕たちは、倒れるドミノの一つひとつを、より大きな潮流の一部として捉える必要がある。したがって、二〇二一年二月のミャンマーにおける軍事クーデターも、ベラルーシにおける民主派の抗議者に対する暴力的な弾圧（ロシア政府の支援があった）も、単独で見たり対処したりすべきではない。どちらも権威主義陣営の成果であり、国際的に悪影響を広く及ぼすものだ。僕たちは、過去に明確な「越えてはいけない一線」を引くことを怠った。その過ちのために、もっと強固なアプローチをとっていれば阻止できたはずの行動を助長してしまったのだ。僕たちは、中国が「調和のとれた社会」を築くという名目で、チベットや中国国内で行ったことを軽く受け流してしまった。その結果が、香港や新疆ウイグルだ。

権威主義的な政権は、見た目は様々な形態で現れる。中国の場合は社会主義を標榜しているが、しかし、国民への福祉支援は比較的少なく、労働組合は骨抜きにされている。愛国主義者の熱狂を煽ることで中国文明を擁護しているように見せかけているが、しかし、真の中国のアイデンティティと経験の多様性を受け入れることなく、中国人であることの意味の中心に共産党を置く新しいイメージによって、人々を情け容赦なく改造している。そこでは政治的イデオロギーは、独裁的で抑圧的な統治形態を正当化するためにのみ存在してきた。中国の正体は権威主義である。そしてすべての権威主義政権は、恐怖心によって自国民を統合する。権威主義国家が、自国の統治モデルの「優位性」を宣伝するプロパガンダに多大なリソースを費やし、民主的な制度に対する信頼を蝕もうとしているのはこのためだ。自分たちが国民に信頼されていないことを知っているから、彼らはあちこちで民主主義への信頼を失墜させようとする。中国の主張する「一党独裁体制の下でのより良い統治」を拒否するためには、民主的な政府がより良く機能し始めなければならないだけでなく、自由で公正な世界のために、国際レベルでも民主的な説明責任を適切に機能させなければならない。

自由諸国の連合体は、国家によるシステミックな脅威に立ち向かうためだけのものではない。もし国際規範が、政権の存続だけにとらわれずに規範を尊重する国々によって制定されるようになれば、気候変動や、貧困、開発、将来の健康危機といったグローバルな問題への対処が容易になる。COVID-19が示したように、中国共産党は、特に政治的に敏感な問題ではないはずの世界的な公衆衛生問題でさえ、本能的に隠蔽し、否定し、失敗を「外国勢力」のせいした。GDPのような公式の数字でさえ政治的に操作されるような国が、二酸化炭素排出量について正直でいられると僕たちは信じられるだろうか？自国の腐敗の重みで軋むことのない、民主的な説明責任を果たせる政府とともに、貧困問題に取り組む方が単純に良いのだ。スムーズに政権交代ができるように設計されたシステムで、国民から負託を受けた政府と課題に取り組むほうが上手くいく。

　より民主的な国際社会は、一国の独断的な行動によって実現するものではないし、そうあるべきでもない。自由を重んずるすべての国が、その実現に向けて一歩を踏み出すべきである。同じ理想を共有する民主主義諸国が協調しなければ、中国は、その国家規模をもって個々の国に狙いを定め、自国の衛星軌道に乗せることができる。狙われた国が香港と同じ道を辿れば、中国共産党に許してもらえるのは見せかけの自由だけになる。その国を見せしめにして、中国の世界的台頭を阻むものは何もないのだと知らしめるために、中国はさらに別の国を脅すだろう。

　僕たちには、同盟国や友人たちと肩を並べて立ち、友人への攻撃は僕たち全員への攻撃だと見なす道徳的責任がある。強硬的かつ、明確な対象を持った集団行動をためらってはいけない。中国共産党への抵抗を、反中国と取り違えてはならないし、共産党と人民を混同してもいけない。僕たちは誠実に、建設的に、中国を批判するべきだ。それと同時に僕たちは、関与と対話の条件を中国に決めさせてはいけない。つまり、世界の舞台で、僕たちは他の国と同じように中国と接するべきなのだ。

良心とアクティビズム、そして水になれ

僕の人生は、ほんの小さな事で別のものになっていたかもしれない。学生会の選挙に立候補しようか

どうか悩んでいた二〇一四年のことが鮮明に思い出される。嶺南大学の学生会には、幹部団体として共同で申請する必要があった。少なくとも十一人の団体であることが申請の条件にあったが、僕は必要な人数を集められなかった。他の四人と一緒に、僕は半年かけて仲間集めに奔走し、集会を開いたり、ビラを配ったり、ドアを叩いて回ったりした。だが、すべての努力は無駄だった。締切りの前日になっても、僕と一緒に幹部を努めてくれる充分な数の仲間を集められなかった。失意の中、学生会のオフィスに座りながら僕は、学業に励んだり、何か他の楽しいことに時間を使ったりしたほうがいいのかもしれないと考えていた。

ソファに腰掛けていた僕に先代の学生会長が近づいて、学生会の別のポストの話を持ちかけてきた。幹部に責任を負わせるために監査する役職への立候補者がいなかったため、その席が空いているというのだ。僕は躊躇した。もしも一人で立候補することになったら、孤独で誰からも感謝されない一年を過ごすことになるかもしれない。気が滅入って途方に暮れた。この話は断って、何か別の関わり方を探したほうがいいのではないかとも考えた。だがそれでも、誰かが権力に責任を負わせなければならない。頭の中であれこれと考えた結果、僕は出馬することに決めた。

あの時と同じ状況、同じ精神状態をもう一度思い描いてみると、辞退している自分の姿が目に浮かぶ。それはとても小さな事に思えたが、このたった一つの選択が、僕の人生を決定的に変えたのだということが今では分かる。自己の良心に従うということは、しばしばとても小さな選択に見えるものだ。それはたとえば利己的に振る舞わないとか、見て見ぬふりをしないとか、そうしたことだ。僕はまだ大学一年生だったが、不正を見過ごさず声を上げ、大胆に変化を求めていく学生が、社会には必要だと感じていた。だから僕は、自分が誇れる選択をしようと決めたのだ。その選択は思いもよらない大きな結果をもたらすことになったが、僕はあのときの決断を後悔したことは一度もない。

多くの人が、もっと複雑で困難な状況に置かれている――賄賂を差し出される警察官、死因について嘘をつくように頼まれる法医学者、路上でデモ隊に発砲するように命じられる兵士。もし、僕たち一人ひとりが良心に従って行動できるとしたら、その集合的な道徳の力だけで正義を守ることができる。自分の選択がどのような結果をもたらすことになるか判断が難しいこともあるだろう。だが到着地で振り返ったときに、あなたが思い出すのは、決断した時に自分が胸の内で何を感じていたのかということなのだ。そのことを僕は断言できる。

政治やアクティビズムは、日常生活とは掛け離れているように見えるかもしれないが、良心に従って行動することはすでに政治的であり、多くの人は知らないうちに自分の役割を果たしているのだと僕は思う。自己の良心に従うとき、あなたはアクティビズムまであと一歩のところまで来ている。

アクティビズムは、コミュニティの歴史、文化、価値観に応じて様々な形態をとる。香港のような非民主的で不平等な社会においては、民主化運動の傘の下に、労働者の権利、社会正義、格差是正など、ほとんどの形態が含まれることになる。システムが代表民主制も説明責任も欠いている場合には、社会的問題への取り組みは必然的に、政治的発言権への要求から始まる。

社会の進歩を後押しするのがアクティビズムであるとするならば、そのために活動家（アクティビスト）が取る行動や、望む変化は、幅広く多様であることになる。そうした多様な努力を束ねるのは、自己認識のあり方だ。活動家になることは、自分の人生を変えること――集合的な目標のために意識的に自己の大部分を捧げ、個人的な関心や目標を昇華させて社会運動の一部となるということだ。アクティビズムとは一つの生き方なのだ。

僕たちの多くは、人生の意味を探す時期をどこかで経験する。たいていの人は、善良で勤勉な市民になるように――良い教育と良い仕事を得て、家族と友人の面倒を見て、自分の行動に責任を持ち、他者を思いやるように、と言い聞かされながら育てられる。香港では、僕たちの進むべき人生の道は、社会によって定められている。そこには社会的な期待がハッキリとある。その道の意味を考えるよう促されることは滅多にないが、それでも多くの人は心の奥底で疑問を抱いている。活動家(アクティビスト)であるということは、その問いに答えようとする僕の旅だ。そのために僕は、自分を取り巻く不正義を直視し、変化をもたらすために自分が果たすべき役割に気づかなければならなかった。

この旅のそれぞれの段階で、僕は単純に、僕の知る人々にとって正しいと感じたことをおこなってきた。もちろん僕がすべての人々を代表することはできないし、僕とはまったく意見が合わないと思っている人が大勢いることは知っている。けれども、香港と中国で生活した経験から、必ずしも人は心の奥にあるものを自由に口に出せるとは限らないと僕は学んだ。自由というものの感じ方が人によって異なるということも学んだ。心の奥底に恐怖を抑え込んだために、もはや恐怖を意識しなくなった人もいることだろう。だが、その恐怖はどうしても行動や思考から滲み出てしまう。僕が代表する人々、そして、代表を最も必要としているであろう人々は、そうやって恐怖を抑え込んでいる人々なのだ。

活動家としての人生は、苦難に満ちている。自分にとって最も意味のあることができるのは有り難いが、それはある種の強迫感をも伴う。そして、それはとても不安定で困難が多い。この生活には何の保証もないし、安全ですらない。そして、決断のたびに心の中で大勢の人たちのことを考えなければならないので、自己不信に陥りやすい。消耗が激しいのだ。

僕は時々、もし自分の人生が違う方向に進んでいたら、どうなっていたのだろうと考えることがある。もし僕が、逼迫した危機のない社会に生まれていたら、ごく普通の人生を歩んでいたのかもしれない。かつて僕は、刺激に満ちた華々しいキャリアに憧れ、家族にもっと豊かで快適な生活をさせてあげたいと望んでいた。息子が立派にやっていることを母が喜んでいる姿を見るのが、僕のすべてだったこともある。僕の周りには、困難を前にして打ちひしがれ、暗い道を歩んでいる人がたくさんいる。少なくとも僕の家族は、僕がそうした暗い道を辿るのを見ることはなかった。だが、僕が歩んできた道は、家族に大きな心痛を与えている。僕にとって家族は常に大切な存在だったが、今、僕は家族と離れ離れになってしまった。

時々母をひどく怒らせた。二〇一四年に僕が初めて逮捕されたとき、母は涙を流して、僕の勾留中ずっと眠ることができなかった。刑務所に入った僕の面会に来てくれたとき、母はいつも疲れて見えた。母は公共交通機関で何時間もかけて刑務所に通ってくれた。刑務所の建物に続く坂道を登った後で、母の脚はいつも痛んだ。母は僕を心配するあまりほとんど眠ることができず、清掃員の仕事中に指を怪我してしまった。すべては僕のせいだった。

まるで僕がやってきたことすべてが、息子としてあるべき姿に反しているかのようだ。母にも家族にも、もっと良い生活をさせてあげるつもりだった。僕の人生をより良いものにするために尽くしてくれた母に、僕は負い目を感じてしまう。しかしそれでも僕は、自分のやってきたことが間違っていたとは一度たりとも思ったことがない。頭を低くしてトラブルを起こさないようにと言われながら育てられてきた僕ではあるが、実際のところ僕は、自分のやってきたことは「正しい」と思っている。それは僕や家族にとってではなく、コミュニティにとって、故郷にとって、正しいことだったのだ。

僕は人生の意味を、家族が望むような生き方をするのではなく、自己の価値観に基づく決断をすることによって見つけ出した。僕の育った香港のような社会では、これは規範からのラディカルな逸脱だ。しかし僕は決して一人ではない。二〇一四年、香港人世代が抗議に立ち上がったのは、民主主義とアイデンティティのためだけではなかった。そこで僕が感じたのは、社会の嘘に対する拒絶、つまり自分たちの人生が他者によって定義されてしまうことに対する拒絶でもあった。

僕は人民（ピープル）の尊厳の本当の意味を、自己の価値観を貫き通すことのできる自由な人々のうちに見つけ出した。これこそが、僕の故郷にエネルギーを与えていた香港の精神なのだ。香港を定義づけるのは、机の前に座っている事務員たちではなく、街で出会う人々の会話だ。香港は、アップルデイリー紙のような猥雑な新聞によって、あえて他とは違う存在になった。それこそが僕の仲間（ピープル）たちであり、僕のコミュニティだった。

人生はジレンマに満ちており、完璧な選択をすることはまずできない。それはギブ・アンド・テイクの問題になる。何を受け取り、何を与えるかは、価値観に導かれる。自分のことを活動家だと初めて思ったときから、どういうわけだか、僕にとって重要なのは人民（ピープル）のことだけになった。彼らのために僕はすべてを与え尽くしたい。

「心を無にするんだ。実体は無く、形も無い——水の如くあれ。水は、コップに入れればコップの形に、瓶に入れれば瓶の形に、ポットに入れればポットの形になる。そして水は流れることも、何かを砕くこともできる。友よ、水になれ」、これは、かの有名な香港の武術家ブルース・リーの言葉だ。「水になれ」は、香港の抗議運動における中心的なスローガンの一つであり、思想でもあった。

強大で支配的かつ抑圧的な権威主義の力に直面したとき、抗議者は水の如くあらねばならない。どんな障害物があろうとも淀まずに流れ、どんな形にでもならねばならない。自分たちの「家」を取り戻すためには、まずは抑圧的な環境を生き延びる必要がある。活動家には適応力だけでなく、自らの価値観と信念に対する忠実さも求められる。そうであってこそ他者と連帯できるのだ。どれほど状況が悪く見えようとも、どれほどの無力感に襲われようとも、物事はすぐに変わり得るのだということを忘れてはいけない——浅瀬であってもあっという間に波は立つ。水の力を忘れてはいけない。

活動家であるということ

二〇二〇年の初夏には、大規模な弾圧が近づいていることは明らかだった。僕が香港にいれば北京によって投獄されることは分かりきっていたが、飛行機に乗ることを当局に阻止されないかどうかは不確かだった。しかし、国際的な提言（アドボカシー）活動を続けるためには、香港を離れることだけが唯一の現実的な方法だった。

空港に着いた時、僕はとても緊張していた。パスポートを渡すと、無事にチェックインできた。飛行機に乗り込み席に着き、シートベルトを締めてフライト前の確認を受けた。そして離陸。もう安全だと思った。

僕の座っていた窓際の席から、香港の街を見下ろせた。香港の夜景は、世界で最もゴージャスだ。その瞬間、僕はこの都市を見るのは、おそらくこれが最後になるのだと理解した。僕はこの都市のために闘い、この都市のために尽くし、この都市のために投獄された。だが、おそらくもう二度と、空からこの夜景を見ることはできないだろう。そしておそらくもう二度と、僕の愛する多くの人たちと会うことができないのだ。

活動家（アクティビスト）であるということは、簡単なことではない。僕が思うに、優れた活動家というのは、コミットメントと、自己規律、そして冷静さを備えている。コミットメントなしには何も成し遂げられない。相手が政府であれ大企業であれ、権力者に立ち向かうのだから、社会運動というのは常に苦しい闘いになる。当然のことながら、政治力と資本力を持っている方が圧倒的に有利だ。活動家が持っているのは、人民の力だけしかない。だから敗北を避けられないこともあるし、状況が絶望的に見えるときもある。だが、それに耐えなくてはいけない。コミットメントと決意だけが、変革を可能にするのだ。

活動家としてあなたが覚えておかねばならないのは、やがて自分が他の人たちから尊敬される存在になるかもしれないということだ。あなたは模範を示さねばならなくなる。そして厳しい目で吟味されることになるだろう。弱みを見つけたり、辱めたり、昔の言動を捻じ曲げたりすることで、あなたや運動を傷つけようとする人たちが現れる。他方で、支持者たちは、あなたから洞察とインスピレーションを得ようとする。彼らに力を与えることをあなたは期待される。他の人々は、自分たちが望むような代弁者となることを、あなたに求めるだろう。

注意深くあるのが一番だ。そして自制を忘れないことだ。感情に流されてはいけない。誰かを失望させてしまうことも、誤解されることも、常に粗探しされることも受け入れないといけない。どんな運動にも政治争いはあるから、同じ運動の仲間の内からさえも、あなたを批判したり攻撃したりする人が現れるだろう。思いつく限りどんな理由であろうとも非難の材料にされる――バックグラウンドでも、容姿でも、態度でも（十代の活動家グレタ・トゥーンベリを例にとると、彼女は中国政府系メディアから太っていると何度も揶揄された）。こうした非難を個人的に捉えないようにしよう。憎しみは、決して建設的ではない。それは、尊敬に値する運動にとって何の助けにもならない。

建設的な批判がどれであるのか見極めることを学ぼう。そしてそれを喜んで受け入れることを学ぼう。

最もあなたに手厳しい批評家からも、学ぶチャンスを決して逃してはいけない。人生とは学びの体験の繰り返しなのだから、間違いを認め、意見を変えることを恐がってはいけない。かつてジョン・メイナード・ケインズはこう言った。「事実が変われば、僕は考えを変える。君はどうだ?」人も、環境も、運動も、すべては進化する。そのとき最も重要なことは、自分自身に正直でいることだ。

逆境や挫折の中でも、人として強く成長するための学びのきっかけを探し出そう。それを次の機会に備えるための教訓とするのだ。失敗するたびにコミットメントが試されているのだと考え、挑戦するたびに人格が試されているのだと考える。どんな時も、できるだけ冷静さを保つように心掛ける。もし自分をコントロールできなくなりそうだったら、展望を開くための時間と場所を探そう。

活動家は、実のところヒーローではない。アクティビズムは、趣味や流行ではない。本物のアクティビズムは楽しいものではないのだ。アクティビズムとは、心の底でそれが重要だと感じているから、止むに止まれず引き寄せられてやるものだ。それは価値観によって始まり、価値観によって突き動かされる。活動家になるには、特別に賢かったり、勇敢だったり、節操があったり、善良であったりする必要はない。必要なのは、ある問題について、より良い変化を望む強い関心を持っていることだ。

行動しなければ意味がない

六月四日の追悼集会は、僕にとって特別な意味を持っている。それは僕が初めて参加した抗議活動で、市民社会と関わるのもそれが初めてだった。それは、世界中の多くの香港人と中国人の感情を揺さぶる出来事である一九八九年の天安門事件を追悼するための集会だ。それが重要なのは、僕たちが亡くなった人たちのことを忘れていないからだけでなく、中国共産党がこの事件を歴史から消し去るために力を注いできたからである。この追悼集会が象徴しているのは、真実と嘘との闘いであり、北京が修正主義中国を建設しようとする過程で僕たちが知らず知らずのうちに負ってきた心の傷なのだ。

二〇二一年、追悼集会が禁止されるのは二年連続のことだった。前年と同様、COVID-19が正式理由として挙げられたが、前年と同様、本当の問題は愛国心であることが、香港にある北京の出先機関のレトリックによって示唆されていた。二〇二〇年には、禁止にもかかわらず何千人もの人々が逮捕される危険を冒して、例年と同じように集まって追悼することを選択した。それは毎年開催される香港最大の抗議イベントの一つだったのだ。二〇二〇年には僕も追悼集会に参加し、警察に起訴された大勢の中の一人となった。

二〇二一年には、当局は万全の警備を行った。香港はコロナウイルスの影響をほとんど受けていなかったが、抗議や追悼の気配のあるものはすべてが阻止された。警察は、例年の集会場所であったビクトリア・パークの入り口をすべて封鎖した。親北京派の者たちが動員され、いかなる行為も国安法違反となる可能性が高いと告知して回った。それはもはや、単なる不法侵入や違法集会では済まされない。こうしたことは、香港の自由と市民的自由に対する厳しい弾圧という文脈において起きたことである。教育も改革されていた。人々は互いの非愛国的な行動を報告するように奨励されていた。中国は「歴史虚無主義」に反対するキャンペーンを始めていた――これはつまり、中国共産党に従わないあらゆる歴史観に反対するという意味だ。人々はネット上で、個人のアカウントを削除し、コンテンツの自己検閲を始めていた。一九八九年の天安門事件で人民解放軍の戦車の前に立ちはだかった男の象徴的な写真である「タンクマン」が、不可解なことに世界中でインターネット検索エンジンBingから削除された。天安門事件を示唆する一切のコンテンツは、中国国内ではずっと前から削除されていたが、中国の検閲はとうとう不敵にも国境を越えるようになった。香港においては、天安門事件を追悼することは、非愛国的とされるだけでなく、違法となった。

六月四日の数日前、ネット市民や運動家たちは、新しい抗議方法を提案し始めた。ビクトリア・パークに集合するのではなく、どこであろうと各々がいる場所でキャンドルに火を灯そうと呼びかけたのだ。例年の追悼集会と同じように、午後八時から一分間の黙祷を捧げることも提案された。

これに対して当局は、「儀式」を行ったり、黒い服を着たり、抗議のスローガンを唱えたりしている者は誰であれ逮捕するという脅しで応えた。キャンドルを灯すことは「挑発」であり、国家安全を脅かす可能性があると見なされたのだ。

六月四日の夜、ビクトリア・パークのある銅鑼湾(コーズウェイベイ)に、黒い服を着た人が大勢やって来て、周辺を歩き回った。誰であれ警察に「不審者」と見なされた者は、職務質問をされた。若い世代が特にターゲットにされた。強権的で不当な法律の脅威と、恣意的な嫌がらせの組み合わせは、人々を恐がらせて路上から追い払うことを意図していたが、それにもかかわらず何百人もの人々がそこにやって来た。

職務質問に対して彼らは「買い物に来ただけ」「ジョギングに来ただけ」と答えた。キャンドルに火を灯すことができず、多くの人は代わりにスマホのライトを灯した。街中で数十万の人々がそうしたので、香港の街が、各所で、銀河のように光り輝いた。

政権は常に、僕たちが抗議の権利を行使するのを阻止しようとする。恐怖によって、僕たちを黙らせようとする。約束することによって、僕たちを取り込もうとする。抑圧というのはそういうものであり、それは僕たちが自ら考え行動する自由を否定する。しかし、たとえ僕らがどのような状況に置かれたとしても、抗議の手立ては必ずある――たとえそれがほんの小さな抗議に過ぎないとしても。最も暗い時代においてさえ、僕たちは小さな親切心によって、残虐さに抵抗することができる。僕たちは、相手の裏をかける。しなやかでいられる。創造的でいられる。僕たちが考え、挑戦し続ける限り、前へと進む道は、必ずある。

六月四日の翌日、自由世界の各報道機関は、香港市民の創造性についての話題を伝えた。ニューヨーク・タイムズ紙は次のように報じた。

香港の民主化運動の支持者たちは、表現の自由への抑圧を強める政府の下で、天安門事件の血生臭い記憶を伝えていくための新しい方法を模索している。[68]

ガーディアン紙は「追悼集会を禁止された香港が見つけた天安門事件を記憶するための新しい方法」という見出しで、香港人がいかにして抗議運動を継続するために新しい方向性を見出し、パフォーマンス・アートを行なったり、象徴的な場所に花を供えたりするようになったのか報じた。[69]

北京は一九八九年の記憶を消そうと懸命に努力しているが、それによって世界に別の物語を与えることになった。自由な人々の間で、記憶の否定が、不滅の記憶となった。いまこそ僕たちは、その自由を守るために、皆でしっかりと立ち向かわなければならない。真実を独裁者に決定させてはならないのだ。

今日、増長した中国共産党は、未来は中華人民共和国のものであると信じている。至るところで自由を侵食しながら、権威主義にとって安泰な世界を築こうとしている。彼らは、中国国民だけでなくすべての人々の心を作り変えようとしており、技術の進歩によって生み出されるプロパガンダと嘘の力を信じている。そしてグローバルな言説を規定し、ルールを制定しようと企んでいる。中国を増長させてきたのは、僕たち自身の強欲さだ。すべての人民の権利と自由よりも、すなわち、自由で活気のある社会の基盤となる権利と自由よりも、物質的な富の約束を優先する臆病で利己的な人々が、中国を増長させてきた。香港は、世界で最も厳しく抑圧されている都市ではないかもしれないが、豊かで自由で開かれた活気ある社会が、いかにして蝕まれるのかを示す先例として特に重要である。香港は自由世界にとって、炭鉱のカナリアなのだ。

香港の人々が抗議のために立ち上がったのは、約束されたことを記憶していたからである。すべての人は生まれながらにして自由であり、平等であることを記憶していたからこそ、彼らは立ち上がった。

僕たちがこのことを記憶し続ける限り、自分たちが何者であるかを記憶し続ける限り、誰も僕たちの自由を否定することはできない。「独裁者の限界を定めるのは、抑圧された人々の忍耐である」とフレデリック・ダグラスは書いている。僕たちが忍耐することを記憶し続ける限り、自由は勝利する。

訳者あとがき

本書は二〇二一年にイギリスで出版された『Freedom: How We Lose It and How We Fight Back』の全訳である。

本書には二人の著者がいる。羅冠聡（ネイサン・ロー：Nathan Law）氏と、方禮倫（エヴァン・ファウラー：Evan Fowler）氏の二人であるが、本書で使われる一人称の「僕」は、一貫して羅冠聡氏のことを指している。主な著者は羅冠聡氏であり、共著者の方禮倫氏はサポート役に徹していたことが伺われる。方禮倫氏は、香港・中国問題を専門とするジャーナリストで、香港自由新聞（Hong Kong Free Press）の共同設立者の一人である。立場新聞のコラムニストでもあった。また、立場新聞の前身の主場新聞においては、コラムニストだけでなく顧問も務めていた。

筆頭著者の羅冠聡氏（香港では「羅冠聰」と表記されるが、日本の新聞などでは「羅冠聡」と表記されることが多いのでこちらに統一したい）は、二〇一四年の雨傘運動を率いた学生リーダーの一人である。その後二〇一六年に、黄之鋒氏や周庭氏らと共に、デモシストという政党をつくった。党首を務めていたのが羅冠聡氏である。同年、香港史上最年少の立法会議員に当選する。だが、政治的弾圧のために議員資格を剥奪され、さらには雨傘運動を指導したことで二〇一七年に投獄されることになった。

二〇一九年のデモは、リーダー不在の分散型の抗議運動だったので羅冠聡氏が率いたというわけではないが、国際的な提言活動によって、アメリカ議会で「香港人権・民主主義法」を可決に導くなどの成果をあげた。二〇二〇年、国家安全維持法による弾圧から逃れイギリスに政治亡命する。同年、タイム誌の「世界で最も影響力のある一〇〇人」に選出されている。ノーベル平和賞にも毎年のようにノミネートされている。

本書は、羅冠聡氏がイギリスへの政治亡命後に、英語で書いた最初の本である。二〇一八年に香港で『青春無悔過書』という本を出版しているが、この最初の著作は国安法の影響のため現在は禁書扱いとなっており、日本語訳も出版されていない。羅冠聡氏の著作として日本語で読めるのは、本書『フリーダム』が最初の本である。

本の構成についてであるが、まず、各章を時系列によって貫く流れがあることに注意を促しておきたい。少し具体的に述べておこう。

第一章　両親の話と幼少期のこと。
第二章　中高生の頃。天安門事件追悼集会のこと。
第三章　大学生の頃。二〇一四年の市民的不服従運動のこと。
第四章　立法会議員の頃。雨傘運動をめぐる裁判のこと。
第五章　二〇一九年の逃亡犯引き渡し反対運動とイェール大学留学のこと。
第六章　二〇二〇年のロンドンへの政治亡命のこと。

このように、時系列に沿って展開される「縦糸」が本書にはある。しかし、本書は自伝や回想録のようなスタイルで書かれているのではなく、各章はテーマごとにまとめられた「横糸」も持っている。これについては各章のタイトルからも伺えることと思うが、訳者なりにまとめ直しておくと概ね次のようなところだろう。

第一章　香港と中国との違いについて
第二章　表現の自由について
第三章　市民社会について
第四章　法の支配について
第五章　社会分断と情報操作について
第六章　国際社会への提言

横糸のテーマは、縦糸のエピソードと関連して導入される。縦糸は、特殊的・歴史的事実を描くものであり、横糸は、自由と民主主義を支える普遍的価値を描き出すものだといえるだろう。著者は、横糸の価値観を描き出すことを重視していたとみられ、時系列を崩してまで数々のエピソードを挿入することをためらわない。これによって本書は全体としては、縦糸と横糸で織りなされる複雑な模様のテキストとして仕上がっている。

本書は、香港の政情について必ずしも詳しくない英語圏の人々に向けて書かれたものではあるが、著者の経験に裏打ちされた原則的な思想が書かれているため、もしかしたら少し難しく感じる読者もいるかもしれない（概念や論理が難解で理解できないという人だけでなく、理想主義がまぶしすぎてついて行けないという人や、原則の重要性を感じられないという人をも含む）。そういう方々をも含めてお勧めしたい本が近日中に出版されるので紹介しておきたい。

羅冠聡氏がウェブ上に中国語で書いた文章を編纂した本で、『香港人に希望はあるか』というタイトルで季節社から刊行予定である。これは日本だけのオリジナルの編集内容で、https://www.patreon.com/nathanlaw に投稿された記事が中心となっている。刻々と変化する情勢の中で、リアルタイムに母国語で書かれたものなので生々しさがある。収録予定は『青春無悔過書』執筆後の二〇一八年から、二〇二二年末の中国大陸における白紙運動までに投稿された記事だ。本書『フリーダム』の執筆時期と、かなり重なり合っているため、同じ話題について書かれている記事もあるが、もともと別の言語で別の読者層に向けて書かれたものなので、本書とは少し違った角度から光が当てられている。これは良い本に仕上がるはずだが、翻訳に時間が掛かり過ぎているという点が、私には気掛かりである。

実力があり熱意をもって迅速に仕事をしてくれる翻訳者を見つけるというのは一般論として難しいことであり、そのことは本書『フリーダム』でも痛感することになった。断っておくと、私はこの本の翻訳者である以前に、出版社の経営者であり、本書の翻訳権を取得して翻訳を依頼する立場にあった。それで当初は別の翻訳者に仕事を依頼していたのである。私はサポート役に回る予定だった。そうしたほうがクオリティの高いものが完成するだろうと期待したのであるが、長い時間をかけて翻訳してもらった草稿は、誤訳が多くて修正できないレベルだった。やむを得ず、私が最初から翻訳をやり直すことにしたのである。このときすでに原書の出版からほぼ一年が経過しており、時間的に余裕がない中での再出発になってしまった。

翻訳は、作品を殺すことができてしまう。その恐ろしさを実感しながら翻訳することになった。本書は、特に重要な本だと私は感じていた。内容が素晴らしいというだけでなく、二人の著者の背後には、声を上げたくても上げられない数百万の香港人がいるのである。彼らの想いを届ける翻訳をしなければならないという翻訳者としての責任を感じ、さらに出版が遅れてしまったことに対する発行者としての責任を感じた。

翻訳契約にも期限があるので、もしかしたら手遅れになるかもしれない状況にまで私は追い込まれていたのだが、この失敗からあえて教訓を引き出してみるとすれば、重要な仕事は、他人に任せっぱなしではいけないということだろう。少なくとも、ちゃんと説明責任を追及しないといけない(進捗管理など)。相手が一見すると優秀そうな専門家であっても、いい仕事をしてくれるとは限らない。任せる仕事の重要性が増すほどに、説明責任の重要性も増す。

こんなことは当たり前で、どんな分野の仕事においても常識なのかもしれない。そしてこれも常識かもしれないが、本書を翻訳しながら、主権者としての私も、政府に重要な仕事を任せていることに気づいた。ちゃんと説明責任を追及しないといけない。特に中国をめぐる政策では、直接的・間接的に様々な利権が絡んでくるだろうから、まったく油断がならない。エリートたちに任せっぱなしでは、後でぎょっとすることになりかねない。

もう一つ翻訳しながら思ったことは、そもそも本書の翻訳は、最初から私が使命感を持って行うべき仕事だったということだ。私ほど羅冠聡氏の言葉に感動しながら翻訳する人は、おそらく他にいないだろうと思ったのである。私が深く共感したのは、たとえば次のようなシンプルな言葉だ。

正義とは理想であり、すべての理想がそうであるように、どんな世代もそれを守るために闘わなければならない。

もちろん「正義」だけでなく「自由」も、そうした理想の一つだろう。この闘いのためには、不正義をありのままに直視しなくてはならず、無批判な現状肯定を避けなければならない。私を含む多くの日本人がやりがちなことだが、平和を望むあまり、権威主義国の現実的な脅威を低く見積もったりしてはいけないのである。そしてこのときもう一つ重要なのは、不正義を直視しつつも、その闘いが憎しみを原動力としてはならないということだ。

僕たちにとって大切なものを守り、僕たちの信じる価値観を貫き通すことは、敵対者を憎むことには依存しないし、依存するべきでもない。

本物の活動家（アクティビスト）を偽物から区別するものは、憎んでも当然すぎるほどの理由があるにもかかわらず、憎しみを原動力とはしないということだ。

羅冠聡氏ほど自己の価値観を貫徹している人物を、私は日本では一人も知らない。ただし、「活動家」とか「アクティビスト」といった言葉は、私にとっては少し居心地の悪さを覚える言葉ではある。白状すると私の目には、羅冠聡氏は「アクティビスト」というよりも、むしろ東洋的志士のように映っているのである。

「アクティビズムとは一つの生き方なのだ」という彼の言葉も、東洋思想的な知行合一のことだと考えてみると納得がいく。『香港人に希望はあるか』に収録予定の文章によれば、羅冠聡氏の座右の銘は「知行合一、択善固執。外円内方、堅守原則」であるそうだ。訓読みすれば「知と行いを一つに合わせ、善を固く択（えら）び執（と）る。外（そと）を円（まど）かに内（うち）を方（ただ）しく、原則を堅く守る」となる。知行合一といえば、吉田松陰や西郷隆盛などの幕末の志士たちにも大きな影響を与えた陽明学を連想させる言葉である。本書で「良心に従う」と訳した言葉についても、私は、陽明学の「良知を致す」という思想を連想してしまう。

なにも羅冠聡氏が直接的に陽明学の影響下にあると言いたいわけではない。本書で描き出されている「横糸」の価値観は、西洋思想が主な源流であろう。だがそれでいてなおどこかに東洋的・中国的な感じがするということを言いたいだけである。西洋と東洋のハイブリッドであるというのは、要するに香港的ということなのかもしれない。

そうした特徴は、本書の最後で引用されているフレデリック・ダグラスの言葉の解釈にも表れているように思う。「独裁者の限界を定めるのは、抑圧された人々の忍耐である」という言葉は、従来、「抑圧された人々の堪忍袋の緒が切れて忍耐の限界に達したとき、独裁者の横暴な政治もまた限界を迎える」という意味に解釈されることが多かった。被抑圧者の自発的服従（忍耐）が、暴政を支えているのだというこの解釈に従えば、独裁を終わらせるためには、忍耐してはいけないことになる。そして、私の見るところでは、ここで少なからぬ「アクティビスト」が罠にはまる。被抑圧者に忍耐をやめさせるために、憎しみを原動力としてしまうのである。

羅冠聡氏は、こうした従来の解釈を採用せず、ダグラスの言葉をさり気なく脱構築してみせる。彼の解釈では、抑圧の中で人々が、原則を堅く守りながら忍耐することによって、独裁が限界を迎える。従来の解釈が「忍耐するな」と言うのに対して、羅冠聡氏は「忍耐せよ」と言う。だがそれは自発的服従のための忍耐ではなく、大切な価値観を記憶し続け、善を固く択び執るための忍耐である。そうして「天の時、地の利、人の和」のすべてが揃ったときに、ようやく暴政が終わるのだ、と彼は書いている（『香港人に希望はあるか』参照）。

羅冠聡氏に東洋的なものを感じるといっても、それは少数の卓越した哲人たちの東洋のことだ。地理的には東洋に属するとはいえ、現代の原則（プリンシプル）のない日本のような国で、それがどこまで理解されるのかについては若干の心配がある。本書で言うところの「実用主義者」が、日本にもたくさんいることを私は知っているからだ。彼らは冷笑的に「若いねぇ。でも現実はそんなに甘くないんだよ」と言うことだろう。

そうした態度には問題がある。「自由を失うのは、自由を心から信じられなくなったとき」だからである。彼らは、中国の抑圧に加担してしまう可能性が高い。なにしろ中国には十四億も人がいるのだから、かつて田中角栄が言ったように、一人に手拭いを一本ずつ売るだけでも大変な商売になる。中国の抑圧に加担した企業に罰則を科す人権DD関連の法律が整っていない現状においては、よほどしっかりとした価値観を持っていなければ、そうした経済的な利益を犠牲にすることは不可能であろう。

もっとも、しっかりした価値観を持ついくつかの企業が中国から距離を置いたところで、他の企業がその穴を埋めて利益を拡大するようでは、全体としては無意味である。そのような状況下で抑圧に立ち向かうというのは、個々の当事者の倫理性だけに任せていたのでは困難なことだ。

国レベルで政治を動かす必要がある。さらに、羅冠聡氏が本書で提唱しているように、価値観を共有する自由主義諸国が、団結して共に立ち向かう必要がある。今日、中国がその軍事力と経済力を威圧目的に積極的に使っているのに対して、自由主義諸国は、多くの努力にもかかわらず、まだ充分に有効な対策が取れていないように見受けられる。とりわけ日本はそうであり、報復を恐れて、中国の人権侵害や国際条約違反に対する非難決議を避け続けている。だが曖昧な態度のままでは、他の自由主義諸国と団結することはできないだろう。そして団結できなければ、日本がまたいつぞやのように威圧を受けることになったとしても、ひととおり遺憾を表明した後は忍耐するか、あるいは忍耐し切れずに譲歩する結果になるだろう。そうした「忍耐」は、価値観を貫徹しているのでも「大人の対応」をしているのでもなく、自発的服従に近いと言わねばならない。そうした態度が中国を増長させて、抑圧を生み出してきたのだ。

その場所がどこであろうとも、抑圧に立ち向かうことは、究極的には、人間の尊厳のための同じ闘いの一部分である。

二〇一九年の香港デモのスローガンの一つに「兄弟爬山、各自努力」というものがあった。「同じ山を登る兄弟たちが、各自で努力する」という意味で、抗議活動の内部分裂を防ぐために使われた標語だ。だが香港だけに限らず、憎しみに囚われることなく抑圧に立ち向かう者たちは皆兄弟であり、究極的には、同じ山を登っているのではないかと私は思う。

世界の様々な場所において、文化や、生活様式や、宗教や、表面的な価値観は、異なっており、互いに矛盾しているように見える。しかしそうであっても、普遍的価値を再発見することで、同じ山を違ったアプローチで登っているだけだと気付くことができれば、文化の多様性を尊重し合いながら、互いに助け合うことができるのではないだろうか。文化の多様性を尊重するということは、普遍的な理想を目指して同じ山を登る多様なアプローチを尊重するということを意味している。普遍性の名のもとに、自文化のアプローチを押し付けるようなことがあってはならないが、多様性の名のもとに、弱者を谷底に突き落とすことまで受け入れてはならない。各自の努力を尊重するとはいえ、抑圧や威圧に苦しんでいる兄弟には、手を差し伸べる道徳的責任がある。

自由や正義といった理想は、もしかすると、権威主義国の直接的な脅威にさらされている香港よりも、日本のような国においてこそ忘却されやすいものなのかもしれない。かつては私も忘却の淵にあったのだが、香港の民主化運動が、それを思い出させてくれた。私にとって香港は「炭鉱のカナリア」というだけでなく、山頂へと向かう道を教えてくれた遥かに偉大な存在である。私が羅冠聡氏の言葉に深く感動するのもそのためだ。私の教わったそれが、読者にも伝わるような翻訳になっていることを願っている。

中原邦彦

二〇二三年三月

原注

1. 'China Bullies Foreign Companies into Espousing Its Worldview', https://www.nationalreview.com/2018/06/china-bullies-foreign-companies-into-espousing-its-worldview/

2. 'Daryl Morey backtracks after Hong Kong tweet causes Chinese backlash', https://www.bbc.com/news/business-49956385

3. 'Houston Rockets GM apologizes for Hong Kong tweet after China consulate tells team to "correct the error" ', https://www.cnbc.com/2019/10/07/houston-rockets-gm-morey-deletes-tweet-about-hong-kong.html

4. ' "The Losses Have Already Been Substantial." Adam Silver Addresses Fallout From the NBA-China Controversy', https://time.com/5703259/adam-silver-nba-china-time-100-health-summit/

5. 'Blizzard Entertainment Bans Esports Player After Pro-Hong Kong Comments', https://www.npr.org/2019/10/08/768245386/blizzard-entertainment-bans-esports-player-after-pro-hong-kong-comments?t=1621279560445

6. 'Cathay CEO resigns amid Hong Kong protest blowback as more rallies planned', https://www.reuters.com/article/us-hongkong-protests-idUSKCN1V606U

7. 'China's long arm reaches into American campuses', https://foreignpolicy.com/2018/03/07/chinas-long-arm-reaches-into-american-campuses-chinese-students-scholars-association-university-communist-party/

8. 'It's time for Western universities to cut their ties to China', https://foreignpolicy.com/2020/08/19/universities-confucius-institutes-china/; see also https://www.bbc.co.uk/news/world-asia-china-49511231

9. 'Oxford moves to protect students from China's Hong Kong security law', https://www.theguardian.com/education/2020/sep/28/oxford-moves-to-protect-students-from-chinas-hong-kong-security-law

10. 'UK university tells lecturers not to record classes about Hong Kong and China, citing security law risks', https://hongkongfp.com/2021/05/10/uk-university-tells-lecturers-not-to-record-classes-about-hong-kong-and-china-citing-security-law-risks/

11. 'Boris Johnson's Conservatives Are Burning Bridges With China', https://www.bloomberg.com/news/articles/2020-11-25/boris-johnson-s-

conservative-party-is-burning-bridges-with-china

12. ‘Chinese economy to overtake US “by 2028” due to COVID-19’, https://www.bbc.co.uk/news/world-asia-china-55454146

13. ‘Never forget national humiliation: Historical memory in Chinese politics and foreign relations’, https://academic.oup.com/ahr/article-abstract/120/3/994/19901

14. ‘In Hong Kong, Gasoline Bombs, Masks and . . . Goodbye Letters’, https://www.nytimes.com/2019/10/20/world/asia/hong-kong-protesters-letters.html

15. ‘Foreign Secretary statement on radical changes to Hong Kong’s electoral system’, https://www.gov.uk/government/news/foreign-secretary-statement-on-radical-changes-to-hong-kongs-electoral-system

16. ‘Hong Kong: Declaration by the High Representative on behalf of the EU on the electoral system’, https://www.consilium.europa.eu/en/press/press-releases/2021/03/11/hong-kong-declaration-by-the-high-representative-on-behalf-of-the-eu-the-electoral-system/

17. ‘Trump Ends Hong Kong’s Special Status With US to Punish China’, https://www.bloomberg.com/news/articles/2020-07-14/trump-to-address-china-tensions-in-tuesday-rose-garden-event

18. ‘Hong Kong Watch welcomes Ireland and the Netherlands decision to suspend its extradition treaty with Hong Kong and calls for EU Members to now go further and suspend extradition with China’, https://www.hongkongwatch.org/all-posts/2020/10/23/hong-kong-watch-welcomes-irelands-decision-to-suspend-its-extradition-treaty-with-hong-kong-and-calls-for-eu-members-to-now-go-further-and-suspend-extradition-with-china

19. ‘The secret history of Hong Kong’s stillborn democracy’, https://qz.com/279013/the-secret-history-of-hong-kongs-stillborn-democracy/

20. ‘When The Beatles came to Hong Kong in June 1964, and screaming teenagers welcomed the Fab Four at Kai Tak airport’, https://www.scmp.com/magazines/post-magazine/short-reads/article/2096509/when-beatles-came-hong-kong-june-1964-and

21. ‘Patten: liberal treatment of China’s infamy’, http://news.bbc.co.uk/chinese/trad/hi/newsid_1910000/newsid_1910800/1910806.stm

22. 香港では新たな基準が導入されつつある。中国共産党によると、司法制度の関係者は全員「忠誠者」でなくてはならない。北京の定義では「忠誠者」は、人民や彼らの価値観よりも、中国共産党を優先する必要がある。

23. 天安門事件についての新たな死亡者数推計を含む詳細については https://www.bbc.co.uk/news/world-asia-china-42465516; 天安門事件に関する中国共産党の歴史修正については Louisa Lim著 “The People's Republic of Amnesia” (OUP, 2014)

24. ‘Chinese TV channel breached rules with “forced confession” ’, https://www.bbc.co.uk/news/entertainment-arts-53308057

25. ‘China Media Bulletin: CCTV spreads disinformation, Hong Kong journalists attacked, activists die in custody’, https://freedomhouse.org/report/china-media-bulletin/2019/china-media-bulletin-cctv-spreads-disinformation-hong-kong

26. ‘Why China banned the BBC, and why it matters’, https://www.cnbc.com/2021/02/16/china-blocks-bbc-world-news-after-uk-revokes-license-of-cgtn.html

27. ‘Beleaguered TV network i-Cable to be sold to new Hong Kong investors’, https://hongkongfp.com/2017/04/21/beleaguered-tv-network-i-cable-sold-new-hong-kong-investors/; ‘Lay-offs at Hong Kong TV station stoke new concerns over media freedom’, https://www.reuters.com/article/hongkong-media-idUSKBN28B4BL

28. ‘Hong Kong signals overhaul of public broadcaster RTHK, stoking media freedom concerns’, https://www.reuters.com/article/us-hongkong-security-media-idUSKBN2AJ09J

29. ‘Notes from prison – how do I view my own stand?’, https://chinadigitaltimes.net/2021/04/translation-notes-from-prison-how-do-i-view-my-own-stand-by-gwyneth-ho/

30. ‘公民抗命的最大殺傷力武器’, Hong Kong Economic Journal.

31. ‘Xi Jinping's New Deal: There are 16 more points after seven’, https://www.bbc.com/zhongwen/trad/china/2013/05/130528_china_thought_control_youth

32. ‘Coronavirus: Hong Kong leader Carrie Lam says total border shutdown with mainland China discriminatory, but will ramp up quarantine measures’, https://www.scmp.com/news/hong-kong/politics/article/3048419/hong-kong-leader-carrie-lam-urges-local-residents-not

33. ‘Wuhan pneumonia: the polarized reaction caused by the escalating strike of Hong Kong medical staff and forcing the government to “close customs” ’, https://www.bbc.com/zhongwen/simp/chinese-news-51368990

34. ‘How Hong Kong's Right to Collective Bargaining Is Still Dead’, https://www.sbs.com.au/chinese/cantonese/zh-hant/audio/news-

encyclopedia-how-hk-s-collective-bargaining-right-was-abolished

35. 'Thai court sentences woman to 43 years for insulting monarchy', https://www.ft.com/content/9185bf2c-6f5a-4c5a-ac68-cef303450852

36. 'Vladimir the Poisoner of Underpants', https://www.nytimes.com/2021/02/03/opinion/navalny-putin-speech.html

37. Bill Hayton, The South China Sea: The Struggle for Power in Asia (Yale University Press, 2014)［訳注：ビル・ヘイトン著　安原和見訳『南シナ海：アジアの覇権をめぐる闘争史』（河出書房新社 2015）］

38. 'The coronavirus crisis has exposed China's long history of racism', https://www.theguardian.com/commentisfree/2020/apr/25/coronavirus-exposed-china-history-racism-africans-guangzhou

39. 'From Covid to Blackface on TV, China's Racism Problem Runs Deep', https://www.hrw.org/news/2021/02/18/covid-blackface-tv-chinas-racism-problem-runs-deep

40. 逃亡犯引き渡し反対運動は、香港から中国本土へと「犯罪の容疑者」を引き渡すことを可能にしようとする計画を受けて始まった一連の抗議活動。

41. 'Retweeting through the Great Firewall: A persistent and undeterred threat actor', https://www.aspi.org.au/report/retweeting-through-great-firewall; 'How China built a Twitter propaganda machine then let it loose on Coronavirus', https://www.propublica.org/article/how-china-built-a-twitter-propaganda-machine-then-let-it-loose-on-coronavirus

42. 'The gospel according to Xi', https://www.wsj.com/articles/the-gospel-according-to-xi-11591310956

43. 'China To Christians: We're Rewriting The Bible, And You'll Use It Or Else', https://www.frc.org/op-eds/china-to-christians-were-rewriting-the-bible-and-youll-use-it-or-else

44. 'Xi's China Is Steamrolling Its Own History', https://foreignpolicy.com/2019/01/29/xis-china-is-steamrolling-its-own-history/

45. Varieties of Democracy report, 2020.

46. Freedom in the World 2021 report, Freedom House.

47. 'China is building a sprawling network of missile silos, satellite imagery appears to show', https://edition.cnn.com/2021/07/02/asia/china-missile-silos-intl-hnk-ml/index.html; see also 'CCP 100: Xi warns China will not be "oppressed" in anniversary speech', https://www.bbc.co.uk/

news/world-asia-china-57648236

48. 'China overtakes US as EU's biggest trading partner', https://www.bbc.co.uk/news/business-56093378

49. 'Top Trading Partners - June 2021', https://www.census.gov/foreign-trade/statistics/highlights/toppartners.html

50. 'Norway and China Restore Ties, 6 Years After Nobel Prize Dispute', https://www.nytimes.com/2016/12/19/world/europe/china-norway-nobel-liu-xiaobo.html

51. 'Too big to fault? Effects of the 2010 Nobel Peace Prize on Norwegian exports to China and foreign policy', https://www.cmi.no/publications/5805-too-big-to-fault

52. 'Australia called "gum stuck to China's shoe" by state media in coronavirus investigation stoush', https://www.theguardian.com/world/2020/apr/28/australia-called-gum-stuck-to-chinas-shoe-by-state-media-in-coronavirus-investigation-stoush

53. 'Australia and China spat over coronavirus inquiry deepens', https://www.reuters.com/article/us-health-coronarivus-australia-idUSKBN22V083

54. 'The students calling out China on Australia's campuses', https://www.bbc.co.uk/news/world-australia-56478621

55. 'Australia sees China as main suspect in state-based cyberattacks, sources say', https://www.reuters.com/article/us-australia-cyber-idUSKBN23P3T5

56. 'China demands that Australia fixes "mistakes" to repair relationship', https://www.theaustralian.com.au/news/latest-news/china-demands-that-australia-fixes-mistakes-to-repair-relationship/news-story/952b17f0986fef7542e71ee06f32ca43

57. 'China shows official list of reasons for anger with Australia', https://www.9news.com.au/national/china-australia-tensions-beijing-government-grievance-list-with-canberra/adc10554-e4e9-4a19-970e-81949501a1ad

58. 'Most Australian trade with China has plummeted 40 per cent amid tensions, DFAT reveals', https://www.abc.net.au/news/2021-03-25/australian-trade-with-china-plummets/100029910

59. 'Sailors Stranded for Months as China Refuses to Let Ships Unload Australian Coal', https://www.nytimes.com/2020/12/26/business/coal-ships-china-australia.html

60. ‘Banned Australian lobsters are sneaking into China via Hong Kong’, https://www.bloomberg.com/news/articles/2021-06-24/banned-australian-lobsters-are-sneaking-into-china-via-hong-kong

61. ‘China Tries to Put Sweden on Ice’, https://thediplomat.com/2019/12/china-tries-to-put-sweden-on-ice/

62. ‘EU-China: Sanctions, threats and boycotts see relations enter downward spiral’, https://www.euronews.com/2021/03/31/eu-china-sanctions-threats-and-boycotts-see-relations-enter-downward-spiral

63. ‘Revealed: Government ministry hacked by foreign power’, https://www.brusselstimes.com/news/belgium-all-news/170919/revealed-government-ministry-hacked-by-foreign-power-china-2019-information-national-crisis-hafnium-affair-microsoft-exchange/

64. ‘Craven Arsenal abandon Mesut Özil over his stance on China’s Uighur persecution’, https://www.theguardian.com/football/2019/dec/16/arsenal-mesut-ozil-uighurs-china

65. ‘#StopAsianHate: Chinese diaspora targeted by CCP disinformation campaign’, https://www.aspistrategist.org.au/stopasianhate-chinese-diaspora-targeted-by-ccp-disinformation-campaign/

66. ‘Xinjiang 2.0: Is China’s persecution of millions of Muslim Uyghurs entering a sinister new phase?’, https://www.telegraph.co.uk/news/2021/06/13/xinjiang-20-chinas-persecution-millions-muslim-uyghurs-entering/; see also ‘China’s pressure and propaganda – the reality of reporting Xinjiang’, https://www.bbc.co.uk/news/world-asia-china-55666153

67. ‘China state TV channel CGTN enlists UK student influencers’, https://www.thetimes.co.uk/article/china-state-tv-channel-cgtn-enlists-uk-student-influencers-dw9v5sbnc; ‘Beijing funds British YouTubers to further its propaganda war’, https://www.thetimes.co.uk/article/beijing-funds-british-youtubers-to-further-its-propaganda-war-x5gqp5fg0; ‘How China Built a Twitter Propaganda Machine Then Let It Loose on Coronavirus’, https://www.propublica.org/article/how-china-built-a-twitter-propaganda-machine-then-let-it-loose-on-coronavirus

68. ‘Subdued but Not Silenced, Hong Kong Tries to Remember Tiananmen Massacre’, https://www.nytimes.com/2021/06/04/world/asia/china-tiananmen-massacre.html

69. ‘Hong Kong finds new ways to remember Tiananmen Square amid vigil ban’, https://www.theguardian.com/world/2021/jun/04/hong-kong-finds-new-ways-to-remember-tiananmen-square-amid-vigil-ban

■ 著者紹介

羅冠聡（ネイサン・ロー）

2014年の雨傘運動の学生リーダー。2016年に黄之鋒や周庭らと共に結成したデモシスト（香港衆志）の党首として、香港史上最年少の立法会議員に当選。しかし翌年、政治弾圧のために議員資格を剥奪され、投獄される。2020年にイギリスに政治亡命。同年、タイム誌で「世界で最も影響力のある100人」に選出される。ノーベル平和賞の候補者にも毎年のようにノミネートされている。

方禮倫（エヴァン・ファウラー）

香港・中国問題を専門とするジャーナリスト。香港自由新聞の共同設立者。

■ 訳者紹介

中原邦彦

著書に『いまここの「幸せ」の話をしよう』、訳書に『瞑想録――静寂の言葉』がある。

フリーダム

香港人の自由はいかにして奪われたか、それをどう取り戻すか

2023年4月25日　第1刷発行

著　　者 ―― 羅冠聡（ネイサン・ロー）、方禮倫（エヴァン・ファウラー）
翻　　訳 ―― 中原邦彦
装　　丁 ―― bears bold LLC.
発 行 者 ―― 中原邦彦
発 行 所 ―― 季節社
〒603-8215 京都府京都市北区紫野下門前町52-2 大宮通裏
電話：050-5539-9879　FAX：050-3488-5065
印刷製本 ―― モリモト印刷株式会社

ISBN 978-4-87369-106-0　Printed in Japan